마음 근육을 키우는 하루 10분 인문 독서!

카페에서 만난 동양고사

Ancient Asian Tales read in a cafe

리소정 엮음

리소정 ■ 저술가. 문사철의 고전들을 현대적으로 재해석하며 자기 계발을 꾀하는 이야기 그룹 '금요일의 인문학'을 이끌고 있다. 엮은 책으로 《카페에서 만난 동양철학》 《카페에서 만난 서양사상》 《카페에서 만난 동양고사》 《카페에서 만난 서양고사》 《카페에서 만난 명심보감》 《카페에서 만난 지혜의 말》 등이 있다.

마음 근육을 키우는 하루 10분 인문 독서!

카페에서 만난 동양고사
Ancient Asian Tales read in a cafe
contents

엮은이의 말

고사에서 배우는 동양 지혜
: 가족·친구·전략·정치를 중심으로

동양의 고사성어는 수천 년의 역사를 통해 전해져 내려오는 귀중한 지혜의 보물이다. 이 책은 가족, 친구, 전략, 정치의 네 부문으로 나누어 선인들이 전하는 지혜를 담고 있다. 이를 통해 가정의 소중함, 진정한 우정, 현명한 전략, 그리고 세상살이와 정치의 본질에 관해 탐구할 수 있으며, 인생의 다양한 교훈과 영감을 얻을 수 있다.

'가정은 사회의 기초'라는 말처럼 인생의 안식처이자 시작점이다. 가족 간의 사랑과 조화를 성공의 동력으로 꼽는 이유가 여기에 있다. '가화만사성'이라는 고사성어에서 볼 수 있듯이 가족의 화목은 모든 일의 성공을 이끄는 바탕이 된다. 이 책에서는 가족 간의 사랑과 이해를 깊게 하는 고사성어들을 통해 행복한 가정생활과 사회적 성공의 지혜를 제공한다.

진정한 친구는 인생의 소중한 동반자이며, 인생 여정에서 빛나는 보석과도 같은 존재이다. 좋은 친구를 사귀고 우정과 신뢰를 쌓아나간 선인들의 고사를 통해 진정한 우정의 의미를 깨달을 수 있다. '붕우유신'부터 '수어지교'에 이르기까지, 경이롭고 교훈적인 역사 속 주요 인물들의 '교유(交遊)'에 얽힌 이야기들을 모았다.

인생은 끊임없는 선택의 연속이다. '지피지기면 백전불태'라는 고사성어가 말하듯 자신과 상대를 알면 어떤 싸움에서도 패하지 않을 수 있다. 이 책에서는 인생의 다양한 국면에서 현명한 결정을 내리는 데 도움이 되는 전략적 사고를 배울 수 있는 고사들을 한데 모았다. 지혜롭고 현명한 결정을 내리는 데 도움을 주는 전략이 담긴 고사성어들을 통해, 성공적인 인생을 획득하자.

정치는 정의롭고 평화로운 사회를 만드는 것이 목표이며, 공동체의 안녕과 번영을 이끄는 견인 역할을 한다. 이 책에서는 정치와 지도자에 관한 고사를 통해 윤리적이고 공정한 리더십에 대한 깊은 통찰을 제공한다.

전체적으로 이 책은 동양 고사성어의 오랜 지혜를 현대적인 삶에 적용하는 방법을 탐구한다. 고사성어에 담긴 교훈을 읽고 독자들의 삶이 여러 분야에서 더욱 풍부하고 의미 있는 경험을 할 수 있기를 바란다. 가정의 행복, 진정한 우정, 현명한 전략, 그리고 정의로운 정치의 길을 찾는 여정에 여러분을 초대한다.

2024년 6월
엮은이 리소정

제1강

제가 齊家
집안을 가지런히 하다

경국 傾國

; 나라가 기울다

한나라 무제 때 이연년이란 가수가 있었다. 음악의 재능이 풍부하여 노래와 춤에 뛰어나고, 곡을 짓는가 하면 편곡도 잘하여 뭇사람들을 감동하게 했다. 어느 날 그는 무제 앞에서 춤추며 노래를 불렀다.

북방에 가인(佳人) 있어 둘도 없는 절세미인.
그의 눈길 한 번에 성도 기울고, 두 번엔 나라도 기울어지리.
어찌 경성(傾城) 경국(傾國)을 잊으랴마는,
가인 다시 얻기 어려울세라.

무제는 이 노래를 듣고 나서 한숨을 지었다.
"아, 이 세상에 그렇게 예쁜 여자가 있을까?"
이때 무제의 누이 평양공주가 귀에 대고 속삭였다.
"저 연년에게 누이동생이 있사옵니다."
무제는 곧 연년의 누이동생을 불러들였다. 그 여자는 말할 수 없이 아름답고 또 춤을 잘 추었다. 무제는 곧 그 여자의 미모에 빠지고 말았다.
이 이야기는 〈한서〉에 기록된, 무제의 총애를 한 몸에 입고 젊은 나이에 죽어 무제가 추모의 정을 금할 길 없게 한 '이부인전'의 일부다.

경국, 즉 나라가 기울어진다는 말을 쓴 예는 대단히 많아 이백의 〈악부청평조〉에 '명화(名花)와 경국은 둘 다 사랑할 것이로다'라고 한 구절이 있고, 백낙천의 '장한가'의 시작은 '한나라 황제가 색을 중히 여겨 경국을 생각한다'라고 하였다.

경국의 본뜻은 '나라를 위태롭게 한다'라는 것이고, 〈사기〉 '항우본기'에 나온 다음의 쓰임이 본래의 뜻이다.

유방이 항우에게 부모와 처자를 포로로 빼앗겨 괴로워하고 있을 때, 후공이 그의 변설(辯舌)로 이들을 찾아왔다. 이때 유방이,

"이는 천하의 변사로다. 그가 있는 곳이면 나라도 기울게 하리."
한 것이 본래의 뜻이다.

이연년의 노래에서도 '경국'이라는 단어 자체를 미인이란 뜻으로 쓴 것은 아니었다. 그러나 이백, 백낙천의 시에서는 완전히 미인의 뜻으로 쓰이고 있다.

경원 敬遠

; 공경하여 멀리하다

공자의 양친은 하늘에 제사 지내지 않고 남녀 관계를 맺었고, 조종(祖宗)의 영(靈)에게 고하지 않고 공자를 낳았다. 공자에게 이 점은 늘 열등감으로 작용했다. 이 열등감에서 벗어나기 위해서 그는 정상적인 부부 관계에서 태어난 사람 이상으로 도덕적으로 완전한 인간이 되지 않으면 안 되었다. 즉, 하늘에 인정받지 않으면 안 되었던 것이다. 공자의 지나치게 집요한 자기 수업은 그러한 결의 아래 비롯된 것이었다.

그러나 도덕적으로 완전한 인간이 되고자 하여 부모의 행위를 부정하면 불효하는 죄를 범하게 되고, 불효라는 죄를 피하여 부모의 행위를 용인하면 배덕(背德)이라는 행위를 시인하는 결과가 된다.

당연히 양자택일을 강요하는 이런 궁지에서 공자는 독자적인 태도를 보였다. 도덕은 도덕으로 공경하고, 어버이는 어버이대로 공경하여 어버이와 도덕의 관계에 대해서는 관여하지 않는 길을 택한 것이다.

말하자면, 자기 자신만은 어떠한 대상에 대해서도 바르게 있으려는 자기중심주의를 굳게 가졌다. 그렇게 한 결과, 공자는 당시의 도덕과 인간 정신의 대립이라는 문제를 저버려서 윤리관에 새로운 창조를 가할 계기를 잃고, 천(天)과 조종(祖宗)의 영(靈)과 천(天)에 의해 인간에게 주어진 도덕률 등 인간의 의지를 초월하여 존재하는 모두 권위에 순종하여 무릎을 꿇게 된 것이었다.

따라서 공자의 가르침이라는 것은 이것들이 어찌하여 '인간의 의지를 초월하고 있으면서도 권위일 수 있는가?' 하는 비밀을 추구하는 것이 아니고, '어떻게 해서 그러한 권위에 복종하는가?'라는 실천론에 시종(始終)하지 않을 수 없게 된 것이다.

금슬상화 _{琴瑟相和}

; 거문고와 비파가 서로 어울리다

〈시경〉의 '소아' 상체편에 보면, 처자가 서로 잘 맞는 모습을 '금슬을 치는 것과 같다'라고 표현하고 있다. 즉, 거문고와 비파를 연주할 때 그 음조가 잘 맞아서 즐거운 분위기를 만들어 내듯, 부부의 사이가 좋음을 말하는 것이다.

또 〈시경〉의 '주남' 관저편에 '요조숙녀는 금슬로써 이에 벗하리'라고 있고, 여기서 일반적으로 부부간에 의가 좋음을 '금슬상화'라고 하게 되었다.

〈시경〉의 '상체'는 가족들을 보아 잔치를 벌였을 때의 모습을 노래한 것으로, 주나라 무왕의 동생 주공단이 또 다른 형제인 관숙선과 채숙도가 주나라를 배반하여 죽임을 당한 일을 안타까이 여겨서 지었다고 한다. 또 일설에는 주나라의 여왕 때, 왕실 사람끼리 불화하는 것을 보고 소목공이 왕실 사람들을 모아 놓고 그때 지었다고도 하고, 그 자리에서 주공단이 지은 곡을 노래했다고도 한다.

관숙선, 채숙도는 주공단의 형과 동생이며, 은(殷) 무경(武庚) 때 재상이었다. 무왕이 죽은 후 주공단이 어린 성왕(成王)의 섭정을 하고 있었는데, 관숙선과 채숙도는 주공단이 왕에게 반역할 뜻을 품고 있다는 말을 퍼뜨려 주공단을 왕에게서 멀리하게 했다.

그러나 다시 주공단이 왕과 가까워지는 것을 보고 관숙선과 채숙도는 두려움을 느껴 반란을 일으켰다. 그러다가 왕명을 받든 주공단에게 관숙선은 죽임을 당하고, 채숙도는 추방되고 말았다. 시는 각 장 4구 8장으로 되어 있는데, 그 뜻은 대략 다음과 같다.

아가위나무의 활짝 핀 꽃은 언제나 저렇게 아름답게 무성한 것이지만, 지금 세상에서는 형제의 정보다 좋은 것은 없다. 생사의 위협을 받을 때도 형제는 서로 생각하고, 들과 못이 모여 있듯이 형제는 서로 만나기를 원한다. 할미새가 물가를 떠나 들판에서 괴로워하는 것과 같은 때에도 형제는 구하러 달려가지만, 아무리 친한 사이라도 친구는 그렇지 못하다.

집안에서는 형제끼리 싸워도 밖에서는 형제는 서로 돕는데, 친구의 사이는 그렇지 않다. 무사태평한 때에는 형제야 없어도 좋고 친구가 더 필요하다고 느낄 때도 있겠지만, 그러나 이렇게 형제들과 함께 맛있는 음식을 차려 놓고 술을 마시는 즐거움. 처자와 함께 화목하여 거문고와 비파 소리처럼 서로 화합하고, 형제들 다 모여 평화로운 기분. 집안도 번영하고 처자도 즐기는 그 까닭을 묻는다면, 형제 화합이 그 근원임을 알 수 있으리.

말하는 꽃, 해어화 解語花

당나라의 서울 장안에 바야흐로 무르익은 봄은 가고, 훈풍의 여름을 맞이하는 때였다. 하루는 '대액지 연못의 연꽃이 피었사옵니다'라는 기별을 듣고 현종 황제는 비와 궁녀들을 거느리고 연못가로 나아갔다. 연못을 온통 뒤덮은 연잎의 청신한 초록색, 그리고 마침 이슬을 머금은 연분홍과 하얀 연꽃은 마치 꿈속의 꽃인 듯 아름다웠다. 이때 황제는 옆에 있는 비를 가리키며 좌우의 사람들에게 말했다.

"어떠한고. 연꽃의 아름다움도 이 말하는 꽃에는 당할 수 없지......."

'과연 그러하옵니다' 하고 좌우의 궁녀들은 허리를 굽혔고, 아름다운 비는 피는 꽃송이처럼 조용히 미소를 지었다. 이 아름다운 비가 유명한 양귀비이다.

현종은 여산의 온천궁에 갔을 때 자기 아들의 비였던 그녀를 처음 보았다. 그는 참을 수 없었다. 기어코 그녀를 아들에게서 떼어내어 자신의 후궁으로 만들고 말았다. 목적을 달성한 현종은 정치에는 마음을 거두고, 양귀비와 낮과 밤을 즐겼다. '봄밤은 너무도 짧구나. 해가 높아서야 자리에서 일어난다'라는 것으로 그의 생활을 짐작할 수 있다.

그 후 현종은 양귀비를 즐겁게 하려고 진귀한 과일인 '여지'를 머나먼 영남에서 가져오도록 했다. 맛이 변하기 쉬운 여지를 싱싱할 때 먹도록 빠른 말을 탄 사자들이 이어 달려 밤낮을 쉬지 않았다. 말이 쓰러지고 말에서 떨어져 죽는 자도 많았다.

　양귀비의 양가 일족은 높은 벼슬을 하였다. 그로 인해 드디어는 안녹산(安祿山)의 반란이 일어났고, 양귀비는 분노한 병사들의 요구에 목을 잘려 죽는데, 황제의 자리에서 물러난 현종은 상황(上皇)으로 있으면서도 죽는 날까지 양귀비를 그리워했다고 한다.

　그의 치세 전반 20여 년을 '개원(開元)의 치(治)'라고 할 만큼 나라를 잘 다스려 명군의 이름을 얻은 현종은 이렇듯 그 끝을 잘 맺지 못했다.

맹모삼천지교 孟母三遷之教

현모양처라는 말이 있지만, 그 현모의 표본이 곧 맹모라 한다. 맹모란 곧 맹자의 어머니요, 맹사는 말할 것도 없이 전국시대의 공자 다음가는 철학자요, 추(鄒)나라의 맹가(孟軻)를 이름이다.

맹자는 어려서 아버지를 잃고 홀어머니 손에서 자랐다. 그의 어머니는 모든 정열을 아들에게 쏟아 어떻게 해서든지 아들을 훌륭한 인간으로 키워 보겠다는 집념으로 살았다. '삼천지교'란 말이 생긴 것도 이러한 어머니의 집념에서 가능한 일이었을 것이다.

맹자의 어머니는 처음 묘지 근처에서 살았는데, 맹자가 심심하면 묘지 일꾼들의 흉내를 냈다. 어머니는 이래서는 안 되겠다고 생각하고 시장 근처로 이사를 했다. 그러자 이번에는 장사꾼들의 물건 파는 흉내만 냈다. 이것도 좋지 않다고 하여 세 번째로 서당 근처로 옮겼더니, 이번에는 글공부하는 흉내를 내고, 또 제사 지내는 예(禮)의 흉내를 내며 놀았다.

"이런 곳에서 내 아들을 길러야겠다."

맹자의 어머니는 비로소 안심했다고 한다.

맹자가 좀 자라서 어머니 곁을 떠나 유학할 때의 일이다. 어느 날 맹자가 오랜만에 집에 돌아오니, 어머니는 베틀에 앉아 베를 짜고 있었다. 반가워해 줄 줄 안 맹자에게 어머니는 엄격한 태도

로,

　"너, 공부는 얼마나 했느냐?"

라고 물었다.

　"여전히 하고 있습니다."

　맹자가 대답하자, 어머니는 옆에 있는 칼을 들어 짜고 있던 베를 북 잘라 버리고,

　"네가 공부하다 말고 집에 오는 것은 내가 짜던 베를 중도에 잘라 버리는 것과 같은 것이다."

라고 나무랐다. 이를 '단기지교(斷機之敎)'라 한다.

　맹자는 어머니의 뜻을 알아채고 그때부터 더욱 열심히 공부하여 드디어 공자 다음 는 훌륭한 인물이 된 것이다.

―〈열녀전)〉

미망인 未亡人

춘추 때, 노나라에는 성공(成公)이 왕위에 있었는데, 노나라의 백희(伯姬)가 송공(宋公)에게 시집가게 되어 계문자(季文子)라는 사람이 백희를 송나라로 데리고 갔다. 계문자가 무사히 그 임무를 마치고 돌아와 성공에게 보고하자, 성공은 주연을 베풀어 그를 위로했다.

그 자리에서 계문자는 〈시경〉의 글귀를 빌어 임금 성공과 송공을 찬양하고, 송나라는 좋은 곳이어서 정녕 공주께서도 즐거이 지낼 수 있을 것이라는 뜻의 노래를 불렀다. 이를 들은 공주의 어머니 목강(穆姜)은 크게 기뻐하여 자기 방에서 나와 정중히 계문자에게 인사하고,

"이번에는 여러 가지로 수고를 끼쳤소. 그대는 선군 때부터 충성스럽게 도와주었는데, 이 미망인에게까지 정성껏 힘써 주니 참으로 감사하오."

라고 말하고는, 역시 〈시경〉의 '녹의(綠衣)'의 끝장에다 만족의 뜻을 담아 노래했다.

또 하나의 이야기.

춘추 위나라의 정공(定公) 때, 정공이 병을 앓아 자리에 눕자,

첩의 몸에서 난 간을 태자로 세웠다. 그리고 정공은 그해 10월에 드디어 세상을 떠나 버렸다.

그런데 태자가 된 간은 아버지의 죽음을 조금도 슬퍼하는 기색이 없었다. 정공의 아내 강 씨는 이미 사흘 동안 식음을 전폐하는 상례를 치르고 와서 태자의 모양을 보고는 크게 분해하며 다시 음식을 입에 대지 않고 탄식하여 말했다.

"저 못된 것이 꼭 나라를 망치고야 말 것이다. 그리고 우선 미망인을 제일 먼저 학대할 것이다. 아! 하늘은 위나라를 버리심인가. 전야(강 씨의 아들)가 왕위를 이어받지 못하다니……."

이를 듣고 신하들은 송구해 마지않았다고 한다.

'미망인'이라 함은 남편이 사망하면 아내도 같이 죽어야 할 것이나 아직 죽지 않고 있다는 뜻으로, 아내가 자기를 일컬어 겸손하게 하는 말이다. 그것을 남편 잃은 남의 부인을 가리켜 미망인이라 하는 것은 실례 천만의 말인데, 언제부터인지 그것이 당연한 것처럼 쓰이고 있다.

—〈좌전〉, '성공(成公)'

부마 駙馬

‘부마(駙馬)’란 본래 부마(副馬)가 변하여 천자의 사위란 뜻으로 쓰이고 있다. 그 쓰임은 한나라 무제 때 부마도위(駙馬都尉; 천자의 사위에 관한 일을 맡아 보는 관리)를 두고, 공주의 남편을 그 벼슬에 있게 한 데서 비롯한다. 그러나 여기에 대해서는 〈수신기(搜神記)〉에 다음과 같은 고사가 있다.

옛날 농서에 신도도(辛道度)라는 사람이 있었다. 지방에서 유학하다가 돈이 궁하여 배를 굶주리며 옹주 서쪽 5리 되는 곳에까지 왔을 때, 홀연 그곳에 큰 저택이 있고 문간에 하녀 같아 보이는 여자가 서 있는 것을 보았다. 신도도가 딱한 사정을 말하고 밥 한 그릇을 청하자, 하녀는 바로 안으로 들어갔다 나오더니 그를 주인 여자가 있는 방으로 안내했다.

신도도는 거기서 맛난 음식을 먹게 되었는데, 식사가 끝나고 여자 주인이 말하기를,

“저는 진나라 민왕의 딸인데, 조나라로 시집갔다가 불행히 남편을 여의고 그로부터 23년 동안 쭉 혼자 이곳에서 살아왔사옵니다. 모처럼 찾아와 주셨으니, 저와 부부가 되어 주실 수 없으십니까?” 했다.

신도도는 그러한 지체 높은 분과 어찌 그럴 수 있겠느냐고 사양

했으나, 여자의 간청을 물리치지 못하여 같이 사흘을 지냈다. 그러고 나자, 여자는 슬픈 얼굴로 신도도에게 말했다.

"당신과 더 오래 같이 지내고 싶지만, 더 같이 있으면 반드시 화를 입게 되겠기에 여기서 이별해야 합니다. 그러나 헤어지고 나면 저의 진심을 보여 드릴 수 없으니 슬픈 마음을 어찌할 길이 없습니다. 그나마 이것을 정표로 드리니 받아 주십시오."
하고 여자는 금으로 만든 베개를 주어 보냈다.

신도도가 선물을 받아 들고 대문을 나와 뒤돌아보니, 저택은 금세 보이지 않고 무덤 하나만이 있었다. 주위는 풀이 우거진 들판이었다. 그러나 품에 넣고 나온 금 베개는 그대로 있었다.

신도도는 그 금 베개를 팔아 굶주리지 않고 살아갔는데, 그 후에 진의 황후가 저자에서 그 베개를 발견하고 조사해 보니 신도도가 판 것임이 밝혀졌다. 황후는 수상히 여겨 무덤을 파고 관을 열어 보게 했는데, 장사 지낼 때 같이 넣은 물건들은 다 그대로 있는데 금 베개만이 없었다. 그리고 시체를 살펴보니, 정교한 흔적이 역력히 보였다. 이에 황후는 신도도의 이야기가 사실임을 알고, 그 사람이야말로 자기의 사위라 하여 그에게 부마도위의 관직을 주고, 돈과 비단과 수레, 말 등을 주어 본국으로 돌아가게 했다.

이로부터 사람들은 천자의 사위를 부마라 부르게 된 것이다. 물론 야담에 지나지 않는 이야기다.

—〈수신기(搜神記)〉

불구대천不俱戴天의 원수

"아비의 원수와는 같이 하늘을 이지 않고, 형제의 원수는 무기를 늘 지니어 언제나 칠 준비를 할 것이며, 친구의 원수는 나라를 같이 하여 살 수 없다."

이 말은 〈예기〉 '곡례(曲禮)'에 나와 있는 말이다. 즉, 아버지의 원수는 같은 하늘 아래 살 수 없다 하여 죽일 것을 말했고, 형제의 원수는 만났을 때 무기를 준비할 것이 아니라 늘 무기를 가지고 다녀야 한다고 했으니 또한 죽일 것을 말했으며, 친구의 원수도 한 나라에 같이 살 수 없다 했으니 이 역시 죽임을 뜻하는 것이다. 이처럼 아비나 형제나 친구의 적은 용서하지 못하는 것으로 되어 있었던 것 같다. 반면 같은 '곡례'에 보면,

"대저 자식 된 자, 겨울에는 부모의 몸을 따뜻이 하고, 여름에는 시원히 할 것이다. 또 밤에 부모가 잘 주무실 수 있게 하며, 아침에 문안을 드릴 것이다. 친구와 다투면 누가 부모에게 미칠지 모르니 다투지 말아야 할 것이다."

라는 복수에 관한 내용과는 전혀 반대되는 내용이 있다.

그러나 다시 생각해 보면 이 두 가지 예에 공통되는 생각이 들어 있는 것이다. 그것은 유교에서 말하는, 사람과 사람 사이 영구불변의 관계, 즉 군신, 부자, 부부, 형제, 붕우 이 다섯 가지 관계를

절대시하고 있다는 점이다.

예(禮)란 질서를 유지하기 위한 규제이지만, 오늘의 법률에 해당하는 것과 도덕에 해당하는 것으로 나눌 수 있다. 고대 사회에서는 이 두 가지가 아직 미분화 상태에 있어 복수, 즉 법률과 예(도덕) 둘이 다 같이 '예(禮)'로 의식되어 있었다고 하겠다.

'불구대천의 원수'란 말은 첫머리에 인용한 글에서 나왔으며, '불구대천'이라고도 하는데, 도저히 용서할 수 없는 자라는 뜻으로 쓰이고 있다.

—〈예기〉 '곡례(曲禮)'

세군 細君

한나라 무제는 거칠고 웅대하여 전형적인 고대 제국의 전제 군주였지만, 그의 궁정에는 동방삭(東方朔)이라는 아주 색다른 인물이 섞여 있었다.

　무제는 즉위하자마자 널리 천하의 유능한 인재를 뽑았다. 그때 제나라 사람으로 동방삭이라는 자가 자기를 써 달라는 글을 올렸다. 관청에 붙여 놓은 것이 놀랍게도 3천 장의 상서문, 무제는 그 한 장 한 장을 읽어갔다. 문장이 당당하고 거리낌이 없었다. 장장 두 달이 걸려 그것을 다 읽은 무제는 동방삭을 '낭(郎)'의 벼슬에 앉혔다. 이로부터 동방삭은 무제를 측근에서 섬기며 가끔 자리를 같이하여 이야기도 했는데, 입에서 나오는 그 말은 기지로 빛나 무제를 매우 기쁘게 했다.

　행동도 역시 그러했다. 때때로 무제 앞에서 음식을 먹게 되는데, 식사가 끝나면 남은 고기를 덜렁 옷 속에 넣어 가지고 가 옷이 얼룩으로 더러워졌다. 그래서 비단을 주면 그걸 어깨에 걸쳐 매고 돌아갔고, 신하들은 동방삭을 반미치광이로 여겼다.

　여름 삼복이 되면 황제가 신하들에게 고기를 하사하는 관습이 있었다. 그때 마침 고기는 준비되었지만 나눠 줄 관리가 아직 오지를 않아 기다리고 있는데, 동방삭은 제 칼을 뽑아 고기를 자르

더니 품에 넣고 '먼저 실례하오'라며 가 버렸다.

동방삭은 이 일로 무제 앞에 서게 되었다. 무제가 함부로 고기를 잘라 간 까닭을 묻자, 동방삭은 관을 벗고 한 번 절한 다음,

"진실로 폐하의 말씀도 있기 전에 함부로 가진 것은 이 어찌 무례한 짓이 아니오리까. 칼을 뽑아 고기를 잘랐으니 이 어찌 장렬(壯烈)하지 않으며, 자른 고기는 극히 적은 것이었으니 이 어찌 염직(廉直)하지 않으리까. 더구나 가지고 간 고기는 세군(細君)에게 주었으니 이 어찌 정에 넘치는 일이 아니오리까?"

하고 아뢰었다.

무제는 크게 웃고 술 한 섬과 고기 백 근을 또 주어,

"돌아가서 세군에게 주라."

고 했다 한다.

'세군'이란 말은 자기 아내를 부르는 말로 쓰인 것이다. 여기에도 여러 가지 설이 있지만, 〈예기〉에 보면 제후의 부인을 부르는 말이 소군(小君)이었다고 나와 있다. 소군은 곧 세군으로, 동방삭은 자기를 제후와 비교하여 자기 아내를 세군이라고 한 것이라고도 한다.

또 한대(漢代)에는 '세군'이라는 자(字)를 가진 사람도 더러 보이는데, 동방삭의 아내 이름이 사실 세군이었다고 한다. 아무튼 여기서부터 세군은 차츰 자기의 아내를 일컫는 말이 되었고, 또 남의 부인까지도 그렇게 말하며, '처군(妻君)'이라고도 쓰이게 되었다.

그러나 동방삭은 단순히 익살스럽기만 한 사람은 아니었던 것 같다. 그는 널리 책을 읽어 일을 당하면 무제에게 뚜렷한 간언을

하기도 했다. 무제가 많은 백성을 부려 상림원(上林苑)을 만들려고 했을 때도 두려워하지 않고 이를 반대했다.

그는 공경(公卿)들까지도 거침없이 대했고, 오히려 그들을 놀려주기도 했다. 술에 취하면,

'나는 세상 피하기를 궁전 속에서 한다. 세상 피할 곳이 심산의 초막만은 아니다."

라고 시로 노래했다고 한다.

이러한 그를 서민들도 좋아했을지 모른다. 그래서 그에게는 여러 가지 전설이 생겨나기도 했다. 서왕모(西王母)의 복숭아 세 개를 훔쳐 먹어서 오래 살게 되었다는 이야기도 있다.

'동방삭은 8천 살을 먹도록 살았다'라는 전설이 있는 것도 그러한 데서 온 것이리라.

—〈한서〉 '동방삭전'

연리連理의 가지

; 두 그루 나무가 서로 붙어 자라 결이 이어진 가지

후한 말 때의 문인 채옹(蔡邕)은 효성이 지극한 사람이었다. 그의 모친은 병으로 오랫동안 누워 있었는데, 채옹은 어머니의 병간호를 하며 3년 동안 옷을 벗고 잠을 자는 일이 없었다. 더구나 어머니의 병이 위독해진 후 백 일 동안은 잠자리에도 들지 않았다.

모친이 죽자, 그는 무덤 옆에 집을 짓고 거기서 상주 노릇을 했는데 형식적인 것이 아니요, 모든 일을 예에 따라 정성껏 모셨다. 뒷날 채옹의 방 앞에 두 그루의 나무가 자랐는데, 그 나무들의 가지가 서로 붙어 자람에 따라 결이 이어져서 한 나무가 되었다. 세상 사람들은 이를 기이하게 여기고 채옹의 효성이 이런 진귀한 현상을 일으킨 것이라 하며 각지에서 구경 오는 사람이 많았다.

이상은 〈후한서〉 '채옹전'에 있는 이야기로, 거기에는 나뭇가지에 관한 기술은 없고 다만 '나무가 나서 결을 이었다(連理)'를 효도와 결부시켜 말하고 있다. 뒤에 와서는 오히려 송나라 강왕(康王)의 포학에 굴하지 않은 한빙(韓憑)과 그의 아내 하 씨(何氏)— 혹은 식 씨(息氏)라고도 함—의 부부애에 관한 이야기로 하여 부부애를 나타내는 말이 되었다.

또 백낙천의 시 '장한가'에 현종 황제와 양귀비가 서로 맹세한

말이라 하여,

> 하늘에서는 바라건대 비익조(比翼鳥)가 되고,
> 땅에서는 바라건대 연리(連理)의 가지가 되리…….

(비익조는 날개가 하나뿐인 새로, 두 마리가 붙어서 날아야 비로소 날 수 있다 함)

라는 두 구가 있는데, 이것은 확실히 부부의 깊은 사랑의 맹세에 비유한 말로 쓰인 것이다.

— 〈후한서〉 '채옹전'

월하빙인 月下氷人

당대(唐代)에 위고(韋固)라는 젊은이가 있었다. 아직 독신의 홀가
분한 기분으로 여러 곳을 여행하고 다니다가 송성(宋城)이라는 곳
에 왔을 때 일이다.

　푸르게 흘러내리는 듯한 밝은 달빛이 줄지어 있는 집들의 지붕
을 비추고 있었다. 이미 밤도 깊어 거리에는 지나다니는 사람의
그림자도 줄어들었다. 그는 어느 골목 모퉁이에 멈추어 섰다. 이
상스러운 노인이 땅바닥에 앉아 옆에 놓은 보퉁이에 몸을 기대고
무슨 책인지 펴 보고 있었던 것이다. 노인의 허연 수염에도 그가
넘기는 책장에도 푸른 달빛이 흐르고 있었다. 위고는 그 옆으로
다가갔다.

　"무얼 하고 계시는지요?"

　위고의 묻는 말에 노인은 조용히 고개를 들었다.

　"나 말인가? 지금 이 세상의 결혼을 조사하는 중이야."

　"그 보퉁이는 무얼 싼 것입니까?"

　노인은 보퉁이를 헤쳐 보이며 말했다.

　"이런 붉은 밧줄들이 들어 있지. 이게 부부를 이어 주는 밧줄이
야. 사람들을 이걸로 서로 붙들어 매어 놓으면, 그 두 사람은 아무
리 먼 곳에 있어도 아무리 원수의 사이라도 반드시 서로 부부가

되는 거야."

위고는 홀아비였으므로,

"제 아내 될 사람은 어디에 있습니까?"

하고 물어보았다.

"자네 부인 말인가? 이 송성에 있지. 저 북쪽에서 채소를 팔고 있는 진(陳)이라는 노파가 있는데, 그이가 안고 있는 아이가 바로 자네 아내 될 사람이라네."

반갑지 않은 이야기였고, 또 그런 말을 믿을 생각도 없어 위고는 그냥 그 자리를 떠났다.

그로부터 14년의 세월이 흘러 위고는 상주(相州)에서 관리가 되어 있었는데, 군의 태수 딸과 결혼하게 되었다. 신부는 16, 7세의 아름다운 처녀였다. 위고는 행복했다.

그러고 보면 그 노인의 예언은 역시 거짓말이었던가. 어느 날 밤, 위고는 신부에게 어린 시절을 물어보았다.

신부는 이렇게 대답했다.

"저는 사실 군주의 양딸이었어요. 친아버지는 송성에서 관리로 있다가 세상을 떠났습니다. 그때 저는 아직도 어린 아기였는데, 인정 많은 유모가 있어서 채소 장사를 하며 저를 길러 주셨답니다. 진 노파의 가게를 지금도 기억할 수 있어요. 당신은 송성이란 곳을 아셔요? 그 동네 북쪽에 그 유모가 살고 있었는데……."

이런 이야기도 있다.

진나라 때 색탐(索耽)이라는 점쟁이의 명인이 있었다. 어느 날 호책(狐策)이라는 사람이 와서 해몽을 청했다.

"나는 얼음 위에 서 있었습니다. 얼음 아래에 누군지 사람이 있어서 그 사람과 이야기하는 꿈이었습니다."

이 말을 들은 색탐은 이렇게 대답했다.

"얼음 위는 곧 양이요, 아래는 음이다. 양과 음이 이야기한다는 것은 자네가 결혼 중매를 해서 잘 성립이 될 징조야. 혼인이 성립될 시기는 얼음이 녹았을 때가 되겠지."

그 말대로 얼마 후 태수가 호책에게 중매를 부탁해 왔다. 자기 아들과 장 씨를 결혼시키고 싶으니, 중매를 서 달라는 것이었다. 이 혼사는 순조롭게 성립이 되었고, 식을 올린 것은 얼음이 녹아 시내에 봄물이 넘쳐흐르는 때였다.

이 월하로(月下老)와 빙상인(氷上人)이라는 말을 묶어서 중매를 서는 사람을 '월하빙인'이라 하게 되었다.

—〈진서〉 '예술전(藝術傳)'

이하부정관 李下不整冠

; 오얏나무 아래서 관을 고쳐 쓰지 않는다

전국시대, 주나라 열왕(列王) 6년, 제나라는 위왕(威王)이 즉위한 지 9년이 되었는데도 나라 안은 도무지 잘 다스려지지를 않고, 국정은 못된 신하 주파호(周破胡)가 마음대로 휘두르게 되었다. 주파호는 어질고 유능한 사람을 시기했다. 그리하여 현사로 이름난 즉묵(卽墨)의 대부를 비방하고, 못난 아대부(阿大夫)를 오히려 칭찬하는 터였다.

위왕의 후궁 중에는 우희(虞姬)라는 미녀가 있었는데, 그녀는 주파호의 하는 짓이 얄미워서 왕에게 호소했다.

"주파호는 배짱이 검은 사람입니다. 등용하지 않으심이 좋은 줄로 아뢰옵니다. 제나라에는 북곽(北郭) 선생이라는 현명하고 덕망이 있는 분이 계시오니 그런 분을 쓰심이 좋지 않겠나이까?"

그런데 이런 말이 어떻게 해서인지 주파호의 귀에 들어갔다. 주파호는 우희를 눈엣가시처럼 생각하고 그녀를 함정에 빠뜨릴 계획을 세웠다. 그러고는 왕에게 우희가 북곽과 심상치 않은 관계에 있다고 모함했다. 이 말을 들은 왕은 9층 높은 다락에 우희를 감금해 놓고 관리에게 심문하게 했다. 주파호는 이미 그 관리까지 매수해서 있는 일 없는 일 나쁘게만 꾸며 왕에게 보고하여 우희에게 죄를 씌우려 했다. 그러나 왕은 그 관리의 문초가 이상하다고 여겨 우희를 불러 스스로 조사를 해 보았다.

"저는 십여 년 동안 한 마음으로 임금님을 위해 드리려 해 왔습니다만, 이 꼴이 되었나이다. 저의 결백함은 새삼 말씀드리지 않겠으나 소첩에게 죄가 있다면, 그것은 '외밭에서 신발을 고쳐 신지 않고, 오얏나무 밑을 지나갈 때 관을 바로 하지 않는다'는 의심받을 짓을 미리 피하지 않은 것과, 9층 다락방에 감금되어 있어도 누구 한 사람 저의 무죄를 변명해 주는 사람이 없었다는 것뿐인 줄 아옵니다. 이제 소첩에게 죽음을 내리신대도 더 변명은 하지 않겠으나, 오직 임금님께 한 말씀 들어주십사 하는 것은, 지금 여러 신하가 모두 나쁜 짓을 하고 있사오나 그 중에도 주파호가 가장 심하옵니다. 임금님은 국정을 주파호에게 맡기고 계시오나 이래서는 나라의 앞날이 심히 위태로울 것입니다."

우희가 진심으로 아뢰는 말을 듣고 위왕은 갑자기 꿈에서 깨어나는 듯함을 느꼈다. 그래서 즉묵의 대부를 만호(萬戶)로 올리고, 간신 아대부와 주파호를 삶아 죽인 후 정사를 바로잡아 드디어 제 나라는 크게 잘 다스려졌다.

이 이야기에 나오는 '외밭에서 신발을 고쳐 신지 않고'라는 말은 외가 익은 밭에서 신발을 고쳐 신고 있으면 마치 외를 따는 것같이 보이고, 오얏이 익어 있는 나무 아래서 관을 고쳐 쓰려고 하면 마치 오얏을 따는 것처럼 보이니 그런 남의 의심을 살 짓을 하지 말라는 뜻이다.

〈문선〉의 '악부'에,

"군자는 미리 방지하여 혐의받을 염려가 되는 곳에 있지 말 것이며, 외밭에서 신을 고치지 않고 오얏나무 아래서 관을 고쳐 쓰지 않으며, 형제의 아내와 남편의 형제는 너무 친히 하지 않고 어른과 아이는 어깨를 겨누지 않으며, 공로가 있으면서도 겸양함도 정도가 있고, 내공을 자랑하여 그 능함을 빛내서는 안 되는 것이다……."
라고 나와 있다.

—〈열녀전〉

주지육림 酒池肉林

고대 중국에 있어서 폭군 음주(淫主)로서 전형적인 인물은 하나라의 걸왕과 은나라의 주왕이다. 그들은 다 같이 뛰어난 재지와 무용을 갖춘 인물이었지만, 그들의 최후는 매희와 달기라는, 세상에 드문 요염한 독부에게 얼이 빠져 이성을 잃고 주색의 향락에 탐닉해서 몸을 망치고 나라를 멸망으로 이끌어 갔다.

그들은 총애하는 여자의 환심을 사기 위하여 제왕으로서 가진 모든 권력과 부를 기울여 사치와 음탕한 짓을 일삼았다. 주지육림의 놀이도 이 제왕의 절대 권력과 부의 배경 없이는 도저히 생각할 수도 없는 엄청난 사치의 놀이였을 것이다.

하의 걸왕은 자기가 정벌한 나라로부터 공물로 받은 매희라는 여자에게 마음을 빼앗겼다. 그는 매희를 위하여 보석과 상아를 박은 호화로운 궁전을 짓고, 그 속 깊은 방에 옥으로 만든 침대를 두어 밤마다 음락에 빠졌다. 그뿐만 아니라 매희가 하자는 대로 나라 안에서 3천 명의 미소녀들을 모아 이들에게 오색으로 수놓은 옷을 입혀 일대 무악(舞樂)의 놀이를 시키기도 했다. 그러나 화려한 춤과 노래에도 싫증이 나자, 이보다 더한 자극을 하게 하고 극한 사치를 해야만 했다. 매희의 제안으로 왕은 궁전 한쪽에 큰 연못을 파게 하여 못 바닥에는 하얀 돌을 깔고 거기에다 향기로운 술을 가득 부어 술의 못을 이루게 했다. 못 가장자리에는 고기로 산을 만들고 나무 대신 포육(脯肉; 저며서 양념하여 말린 고기)의 숲을 만들었다.

왕은 매희와 함께 이 작은 배를 타고 술 못에 있으면 3천 명의 미소녀들이 못가에서 음악에 맞추어 춤을 춘다. 그러다가 신호의 북소리가 울리면 못에 달려가 술을 마시고 포육을 먹는다. 이런 광경을 바라보며 왕은 매희와 음탕한 짓을 즐기는 것이다. 이러한 사치의 생활이 계속되매 국고는 비고 민심은 돌아서서 하 왕조의 멸망을 가져오게 된 것이다.

은의 주왕도 하의 걸왕에 못지않은 주지육림의 생활에 빠지고 있었다. 걸왕의 매희와 마찬가지로 주왕의 마음을 뺏은 것은 유소 씨의 나라에서 헌상한 절세의 미인이요, 음분(淫奔)한 여성인 독 부 달기였다. 이 여자의 끝없는 욕망을 채워 주기 위하여 주왕은 우선 가혹한 세금을 거둬들이고 무리하게 백성들의 재물을 빼앗 아 들였다.

이리하여 백성들에게서 빼앗은 물자는 산같이 쌓이고, 국내의 진귀한 짐승과 물건들은 속속 궁중으로 모였으며, 또 막대한 물 자와 인력을 소모하여 호화찬란한 궁전을 짓고 동산과 못을 만들 었다. 못은 역시 술로 채우고 술지게미로 언덕을 만들었으며, 고 기를 매달아 숲으로 삼았다. 악사에게 명령하여 새로이 만든 북리 (北里)의 춤, 미미(靡靡)의 악(樂) 등 몸도 마음도 함께 녹아내리게 하는 음탕한 음악에 맞추어 실 한 오라기도 걸치지 않은 발가숭이 의 남녀 한 무리가 못 둘레를 서로 쫓고 쫓기며 미친 듯이 춤춘다. 이 광경을 바라보는 사람들은 황홀경에 빠지면서 연못의 술을 들이켜고 숲의 고기를 뜯어 먹는다.

　이런 미친 짓을 보면서 거리낌 없이 주왕의 무릎에 몸을 맡기고 있는 달기는 그제야 두 볼에 음탕한 만족의 빛이 떠오는 것이다. 이 미치광이의 연희는 120일이나 주야로 계속되어 이를 '장야(長夜)의 음(飮)'이라 불렀다고 한다.

　마음 있는 신하들이 간해도 듣지 않았을 뿐 아니라, 오히려 그런 말은 제왕의 행동을 비방하는 것이라 하여 잔인한 형벌(포락의 형)을 내렸다. 불에 달군 쇠기둥을 맨발로 건너게 하여 불 속에 떨어져 타 죽는 희생자의 모습까지가 잔인한 달기의 음욕을 돋우는 재료가 되는 형편이었다.

　이리하여 폭군 음주(淫主)의 이름을 한껏 누린 주왕도 드디어 걸왕의 전례에 벗어나지 않고 주나라 무왕의 혁명으로 멸망의 운명을 걷게 된 것이다.

—〈십팔사략〉

추풍선 秋風扇

; 가을바람에 부채

한나라 성제(成帝)의 홍가(鴻嘉) 3년, 어느 날 후궁 증성사(增成舍)는 여느 때와 달리 부산했다. 이곳의 주인 반첩여가 허황후와 공모하여 후궁의 총애를 받는 사람들을 저주하고 황제에 대해 나쁘게 말했다는 혐의로 붙잡혀 가게 된 것이었다.

소문에 의하면 조비연(趙飛燕) 자매가 이 두 사람을 황제에게 거짓으로 고해바쳤다고 했다. 조비연 자매는 바로 얼마 전에 궁녀가 된 여자인데, 그들의 미모가 황제의 눈에 들어 대번에 언니는 첩여, 동생은 소의(昭儀)의 직위를 얻고 둘 다 후궁의 총애를 독차지하여 가히 일찍이 없던 일이라는 말을 듣는 터였다.

재판을 받은 결과 혐의는 풀렸으나, 허황후는 일찍이 사치스러운 행동을 한 것이 화가 되어 폐위 명령을 받고 미인(美人)이라는 지위로 내려가야 했다. 그러나 반첩여는,

"죽고 삶은 명에 있고, 부귀는 하늘이 정한 바라 듣고 있사옵니다. 행실을 바르게 해도 복을 받기 어려운데 그릇된 짓을 한 몸이 어찌 좋게 되기를 바라오리까? 신께서 이 신하로서 있을 수 없는 소원을 아셨다고 해도 들어 주시지 않으실 것이요, 알지 못하셨다면 더구나 애원해도 소용이 없는 일인 줄 아옵니다."
라고 아뢰었다.

황제는 반첩여의 성실함에 감동하여 그녀를 용서했을 뿐 아니라 백 근의 금을 내려 주었다. 이리하여 증성사로 되돌아올 수는 있었으나, 총애를 잃은 몸이라 오직 고적할 뿐이었다. 게다가 여자로서의 질투가 불같이 일었다. 다행히 처형되지는 않았지만, 자기를 무고한 조 남매를 그냥 둘 수가 없었다. 고조 황제의 애첩 척희(戚姬)는 황제의 비 여태후 때문에 두 눈알을 뽑히고 벙어리가 된 데다 손발까지 잘리지 않았던가. 무서운 것은 여자의 질투라 하겠다.

어질고 정숙한 반첩여도 질투심에 어찌할 바를 몰랐다. 그래서 차라리 투기의 소용돌이인 후궁에서 빠져나가야 하겠다고 생각했다. 그리고 장신궁(長信宮)에 계신 황태후 왕 씨에게 청원해서 자리를 옮겨 달라고 해 볼 결심을 하게 되었다. 황태후는 반이 첩여가 될 때 그녀의 겸손한 태도를 칭찬해 주었고, 그 후로도 늘 보살펴 주는 터였다.

그리하여 반첩여는 장신궁에서 태후를 모시고 있게 해 달라고 청을 드렸다. 소원은 이루어졌다. 반첩여는 장신궁에 들어가서 평온한 나날을 보낼 수 있었다. 황태후의 이야기 상대가 되어 주는 일 이외에는 방에 들어앉아 시와 서를 읽고 거문고를 타며 즐기기도 했다. 그러나 때때로 날아가는 새의 그림자가 수면에 비치듯, 증성사에서 지내던 옛 추억이 가슴 아프게 떠오르는 것이었다.

새로이 끊은 제나라 비단은
깨끗하기 서리와 눈 같아라.
말라 만든 즐거움의 부채

둥근 모양이 달과 같구나.
그리운 임의 품에 드나들어
몸 흔들며 일으키는 조용한 바람.
그러나 두려운 가을이 와서
서늘한 바람에 더위 가시면,
농 속에 간직하는 몸이 되고
은정(恩情)도 끊어져 버리는 것을.

그 옛날 반첩여를 위해 베풀어지던 소유궁(宵遊宮)의 놀이는 얼마나 즐거웠던가. 흰 비단옷에 달린 금과 은장식들이 촛불이 휘황찬란한 가운데서 황제의 웃음 띤 눈길을 바로 온몸에 받지 않았던가.

그즈음 반첩여는 요임금의 딸 아황(娥皇)과 여영(女英)이나, 주나라 문왕의 어머니 태임(太任), 무왕의 어머니 태사 같은 부덕 높은 사람이 되리라고 결심하고 있었다.

그러나 슬프게도 그가 낳은 두 아들은 모두 젖먹이 때 죽었다. 천명이라 어쩔 도리 없는 일이기는 해도 이것이 황제 자리에서 떨어져 나오게 된 원인이 되지 않았을까?

황제는 그의 사랑을 위(衛) 첩여에게, 그리고 조비연 자매에게로 옮아갔다. 섬돌에는 이끼가 돋아났고 황제의 모습을 볼 길도 없어졌다. 참으로 사랑처럼 옮아가기 잘하는 것도 없는 것 같다. 장신궁에서의 세월은 흘러 성제가 죽고, 얼마 지나지 않아 반첩여도 40 남짓한 나이로 세상을 하직했다.

'추풍선'이라는 말이 남자의 사랑을 잃은 여자를 비유하게 되고, 가을 부채처럼 버림받는다는 뜻으로 쓰이게 된 것은 바로 위의 시 원가행(怨歌行)에서 나온 것이다. 반첩여의 전기는 〈한서〉에 상세히 나와 있고, 〈자상부〉도 이를 싣고 있다.

'원가행'은 〈문선〉과 〈옥태신영집〉에 보이며, 이 고사는 강엄, 유효작, 왕창령) 등 여러 사람에 의해 읊어지고 있다.

풍마우 風馬牛

제나라 환공은 부인 채희(蔡姬)와 같이 연못에 배를 띄우고 놀고 있었다. 부인은 물가에서 자랐기 때문에 뱃놀이에 익숙했으므로 배를 흔들어 환공과 희롱을 했다. 그러자 환공은 헤엄을 전혀 칠 줄 몰랐던지 크게 두려워하여,

"아서, 아서, 그러지 마오."

하고 말렸다. 그러나 부인은 점점 더 재미있어하며 좀체 그치려 하지 않았다. 이 일은 결국 제와 채나라 사이가 벌어지게 되는 원인이 되었다.

주 혜왕 21년, 두 사람의 사랑은 엉뚱하게도 제나라의 채나라 토벌로 나타나 채나라는 별도리 없이 패하고 말았다. 제의 환공은 승리자로서 군사를 거느리고 다시 발길을 돌려 초나라를 치기로 했다.

그런데 초나라에서는 사자를 보내어 그 토벌의 원인이 무엇인지를 물었다.

"임금은 북해에 있고 나는 남해에 있어 다만 암내 난 말이나 소도 서로 미치지 못하는 바인데(風馬牛不相及), 그대 내 땅에 오려고 함은 무슨 연고이뇨?"

이에 대해서 관중이 대답했다.

"옛날 주의 소강공(召康公)이 우리 선군 태공망에게 명하시기를 천하 제후 중에서 죄 있는 자는 이를 토벌하여 주의 왕실을 돕게 하였소. 그런데 이제 초는 공물로서 포모(털과 가시가 있는 띠)를 바치지 않으므로 왕의 제사에 쓸 술을 거를 때 때로 재강을 걸러 낼 수가 없소. 그러므로 우리는 초의 공물을 구하러 온 것이오. 또 주 소왕이 남방으로 사냥 나왔을 때 한수에서 익사하셨는데, 그 사정도 자세히 알아야겠기에 온 것이오."

초의 사자는 요령 있게 말했다.

"과연 공물을 바치지 못한 것은 이쪽의 잘못이나 앞으로는 어찌 바치지 않는 일이 있으리오. 다만 소왕이 돌아가시지 못한 것은 아무쪼록 물가에서 물어보심이 좋을 것이오."

이리하여 제군은 더 앞으로 나아가 진지를 쌓았다.

그해 여름, 초나라 대부 굴완(屈完)은 제나라 진영에 와서 화평을 교섭했다. 제나라 군사는 일단 소릉까지 물러났다. 그리고 환공은 제후의 병사들을 정렬시키고 굴완과 함께 수레를 타고 열병했다. 그러고는 말했다.

"제후의 군사가 이렇게 초에 침입한 것은 나를 위해서 한 것이 아니오. 선군 때의 우호를 이어가기 위해서니 어떠한가. 우리와 우호를 맺는 것이?"

굴완으로서는 바라던 말이었다.

"우리 초 임금을 벗으로 삼아 주신다면 이보다 더 좋은 일은 없겠소."

환공은 이번에는 위협해 보았다.

"이런 대군으로 쳐들어가면 어떤 나라 어떤 성도 막아내지 못할 것이오."

굴완도 지지 않았다.

"임금의 은덕에는 따르려니와 무력에 대해서는 초에는 요해(要
割) 견고한 자연이 있소이다."

이리하여 굴완은 제후와 동맹을 맺는 데 성공했다.

'풍마우'란 암내를 낸 말이나 소도 멀리 떨어져 있어서는 어쩔
도리가 없다는 뜻으로, 멀리 떨어져 있어 관계없는 일에 비유해서
하는 말이다.

—〈좌전〉'희공 4년'

해로동혈 偕老同穴

; 함께 늙고 같은 무덤에 묻히다

'해로동혈이란 부부의 사이가 좋아, 살아서는 같이 늙고 죽어서는 구멍을 같이 하여 묻히려고 맹세하는 것을 두고 하는 말이다. 또 해면동물의 한 종류에 이런 이름의 동물이 있다. 모양은 수세미오이 비슷하고, 넓은 위강(胃腔)을 가졌으며, 아래쪽 끝머리는 긴 근모(根毛)를 이루고 심해 바닥에 서 있는 동물이다. 위강 속에 자웅한 쌍의 두 마리 새우가 들어 있다. 자웅이 같이 들어 있다 해서 처음에는 이 새우를 가리켜 해로동혈이라 했다.

누가 맨 먼저 이 동물에게 해로동혈이라 이름을 붙였는지는 몰라도 원래는 부부의 화합을 표현하는 말이요, 출전은 〈시경〉의 '패풍·격고', '용풍·군자해로', '위풍·맹', '왕풍·대차' 등의 장이다. 모두 하남성 황하 유역에 있던 나라들의 민요이다.

'격고(擊鼓)'는 출정한 병사가 고향에 돌아갈 날짜도 모르고 애마와도 죽음의 이별을 한 후 전장에서 방황하며 고향에 있는 여인을 생각하며 부르는 노래로, 제4장에,

> 죽어도 살아도 함께 하자고 너와 함께 맹세하였지.
> 너의 손을 꼭 쥐고
> 백발 머리 될 때까지라도 하고 서로 맹세하였지.

이 노래는 '아, 그것도 바로 그대였거니!' 하고 끝맺고 있다. 슬픈 병사의 노래다. '군자해로'의 시는 좀 색다른 노래로 귀부인을 비꼬는 내용이다. 그 제1장에,

그대와 함께라면 백 년 같이 살겠다면서
머리에는 옥비녀,
부드러운 자태로 산과 같이 물과 같이
화려한 의복도 보기 좋다만,
그대 하는 짓이 좋지 못하면 그때 나는 어이할꼬.

입으로는 해로동혈을 원하고 남편에게 정순(貞順)과 애정을 보이면서도 실제 행실이 흔들린다면 어찌할 것인가 하는 노래다. '맹(氓)'은 해마다 찾아오는 실 장수의 꾐에 빠져 실 장수의 아내가 된 여자의 슬픈 이야기를 노래한 것.

사나이는 여자가 시집올 때까지는 상냥한 태도로 속삭이다가 한 번 시집오자 한결같은 여자의 마음을 짓밟고 난폭한 행동을 예사로이 하며, 다른 여자와의 사랑을 꿈꾼다. 아내로서 집안일에 몸을 바쳐 일하는 것은 어렵지 않으나 사나이의 그 마음만은 슬프다.

그리하여, '그대와 함께 늙으려 했는데 늙어서는 나에게 원망케 하네' 하고 여심의 애처로움을 노래한다. 이 노래는 지치고 상처 난 마음을 토로해 마을 처녀들에게 주의하라는 노래였다고 전한다.

'대차'에는 다음과 같은 전설이 있다.

춘추시대가 시작됐을 무렵, 기원전 680년에 초나라가 식국(息國; 하남성에 있었음)을 격파했을 때. 식국의 군주는 포로가 되고, 부인은 초왕으로부터 아내가 될 것을 명령받고 궁정에 들게 되었다.

마침 초왕이 출타한 때를 틈타 부인은 포로로 잡혀 있는 남편을 만나,

"사람은 어차피 한 번은 죽는 것, 싫은 생각을 하며 살아도 결국은 죽을 것이오. 저는 한시도 당신을 잊을 수 없고 무슨 일이 있어도 이 몸을 다른 사람에게 바칠 수는 없어요. 살아서 당신을 생각하고 혼이 지상을 떠나 지내느니 죽어서 지하에 돌아가는 것이 얼마나 좋은지 모르겠어요."

하고 대차(大車)의 시를 지어 놓고, 남편이 만류해도 듣지 않고 자살했다. 남편도 그녀의 뒤를 따라 자살했다고 한다.

그 시에 이르기를,

살아서 곧 방을 달리해도
죽어서는 곧 무덤을 같이 하리.
이 몸을 믿을 수 없다시면
교일(밝은 태양)과 같음이 있으리라.

여기서 '교일과 같음이 있으리라'라고 한 것은 자기 마음은 하늘에 빛나는 태양과 같이 밝고 거짓 없음을 맹세하는 말이다.

앞의 세 가지 시에서 '해로'를 취하고 마지막 시에서 '동혈(同

穴)'을 가져온 것이지만, 이 해로동혈이 얼마나 어렵고 실행하기
쉽지 않은지를 한탄한 노래다.

—〈시경〉

제2강

붕우 朋友

; 친구를 사귀다

간담상조 肝膽相照

; 간과 쓸개를 서로 내 보인다

이관(李觀), 맹교(孟郊) 같은 좋은 친구를 많이 사귀고 있던 한유(韓愈)는 경박한 교제를 극히 싫어해 사이비 우정의 본질을 규명하고, 그것의 믿을 수 없음을 명문으로 남기고 있다.

그는 아마도 평생 몇 번이나 경험한 불우한 시절에 참된 우정과 그렇지 못한 우정을 구별할 수 있는 능력을 얻게 된 것 같다. 특히 한유는 유종원에 대해 그의 사람됨과 재능, 정치가로서의 역량, 또 그 우정의 두터움을 칭찬했다.

유종원이 부름을 받아 유주의 자사(刺史; 지방관리)로 임명되었을 때, 중산 사람인 유몽득(柳夢得) 역시 파주의 자사가 되어 지방으로 내려가야 할 형편이었다. 이 소식을 들은 유종원은 울며 이렇게 말했다고 한다.

"파주는 이루 말할 수 없이 궁벽한 곳으로, 몽득 같은 사람이 도저히 살 수 없는 곳이다. 부모님도 계신 몸이라, 그런 데로 간다는 말을 사뢰기조차 어려워하는 모습은 딱하기만 하다. 늙으신 어머니를 모시고 그런 곳으로 갈 수는 없을 것이니, 내가 지망해서라도 몽득 대신 파주로 가는 것이 좋겠다."

한유는 이야기에 뒤이어,

"아아, 사람은 곤란할 때야 비로소 참된 절의가 나타나는 것인

가. 평소에 무사히 마을에 살고 있을 때는 서로 그리워하고 반가워하며 같이 술 마시고, 놀며, 우스운 소리도 하고 서로 사양하며 간담(肝膽)을 내보이기도 하고, 해를 우러러 눈물로 맹세하며 죽어서도 배반하지 않겠다고 말하지만, 한 번 머리카락 하나만 한 이해관계가 생기면 서로 눈길을 돌려 모르는 사이처럼 되어 버린다. 함정에 빠져도 손을 내밀어 구해주려 하지 않을뿐더러, 오히려 빠진 사람을 더 밀어 넣고 위에서 돌을 던지는 시늉을 하는 자가 세상에는 얼마든지 있는 것이다.”

라고 덧붙이며 간담을 서로 내보이는 진정한 우정은 세상에 극히 드물어서 더욱 높은 가치를 지닌다고 했다.

관포지교 管鮑之交

당나라의 시성으로 그 이름이 높은 두보의 시에 '빈교행(貧交行)'이란 것이 있다.

손바닥을 펴면 구름이 일고, 뒤집으면 비로구나.
분분(紛紛)한 경박(輕薄), 어찌 다 헤아리랴.
그대는 보지 못하는가, 관포(管鮑)의 가난할 적 교제,
이 길, 지금 사람들은 흙덩이 보듯 버리네.

인정과 의리가 땅에 떨어진 그 시절에는 굳은 우정을 가졌다고 생각한 친구라도 때에 따라서는 마음이 변하기가 예사여서 참으로 경박했다. 옛날 관중과 포숙아 사이 같은, 가난하나 부유하나 변하지 않는 교우의 모습을 배우는 것이 좋지 않은가 하는 시이다.

관중의 이름은 이오(夷吾)요, 춘추시대의 제나라 사람이다. 젊었을 때부터 포숙아와 둘도 없는 친구가 되었는데, 포숙아도 관중의 뛰어난 재지에 마음이 끌려 언제나 그의 좋은 동지요, 이해자였다.

나중에 관중은 제나라의 공자(公子) 규(糾)의 측근에 있었고, 포

숙아는 규의 동생인 소백(小白)을 모셨다. 얼마 후 두 공자의 아버지 양공은 종제인 공손무지의 반란으로 죽임을 당하여 관중은 공자 규를 모시고 노나라로, 포숙아는 소백을 모시고 거나라로 망명했다.

그런데 공손무지의 반란이 진압되자 두 공자는 임금의 자리를 다투게 되었고, 이에 관중과 포숙아도 서로 적의 위치에 놓이게 되었다. 관중은 공자 규를 임금의 자리에 앉히기 위해 한때 소백의 목숨을 노리기까지 했으나 성공하지 못했고, 포숙아는 소백을 도와 임금의 자리에 앉게 했다. 이 사람이 춘추오패의 한 사람으로 이름 높은 제의 환공이다.

싸움에서 진 규는 환공의 요구에 따라 망명지인 노나라에서 죽임을 당했고, 관중은 제나라에 끌려오게 되어 조용히 포박받았다. 환공으로서는 관중은 일찍이 자기의 생명을 노린 불손한 놈이라 그의 목을 베고 싶었지만, 포숙아는 전날의 우의를 잊지 못하였고, 더구나 관중의 정치적 재능을 높이 생각해 오던 터라 환공에게,

"주군께서 제나라 하나만을 다스리겠다면 저희로 충분하실 것이오나, 천하를 다스리는 것이 소원이시라면 관중을 신하로 삼지 않으면 안 될 줄 아옵니다."
라고 권했다.

도량과 식견이 큰 환공은 자기가 믿는 포숙아의 충고를 받아들여, 죄인인 관중을 쾌히 용서하고 곧 대부의 벼슬을 내려 정치에 참여하게 했다. 과연 관중은 큰 정치가였다.

"예의염치(禮儀廉恥)는 나라의 네 가지 큰 강령, 이를 펴지 않으

면 나라는 곧 망하리.”

　“곡식 창고가 차면 곧 예절을 알고, 먹는 것과 입는 것이 족하면 곧 영욕을 안다.”

　이러한 말에서 엿볼 수 있듯, 관중은 백성들의 경제 안정에 따라 덕본주의의 선정을 펼쳤다. 그리고 드디어 환공이 춘추시대 제일가는 패자가 되게 하였다.

　이러한 일은 물론 환공의 관용과 관중의 재간에서 비로소 성공한 것이겠으나, 그 첫걸음에는 관중에 대한 포숙아의 변함없는 우정이 아니었더라면 이루어지지 못했을 일이다. 뒷날 관중은 포숙아에 대한 감사의 마음을 다하여 이렇게 말한 바 있었다.

　“나는 아직 젊고 가난했을 때 포군과 함께 장사를 한 일이 있었는데, 그 이익을 나눌 때 언제나 내가 그보다 많이 차지했었다. 내가 가난한 것을 그가 알고 있었기 때문이다. 또 그를 위해서 한 일이 실패를 해서 도리어 그를 궁지에 빠뜨린 때가 있었는데도 그는 나를 어리석은 자라고 하지 않았다. 무슨 일에든 사람은 실수가 있음을 알고 있었기 때문이다. 나는 또 몇 번이나 관리가 되었다가 쫓겨나곤 했지만, 그걸 무능하기 때문이라고는 하지 않았다. 아직 운수가 펴지 않았음을 알아주었기 때문이다. 전쟁에 나갔다가도 몇 차례나 져서 도망해 온 일이 있었지만, 그걸 비겁한 짓이라고는 하지 않았다. 내게 늙으신 어머니가 있음을 알고 있었기 때문이다. 또 패하여 동료가 자살했을 때 나만 붙잡히는 치욕을 당했는데도 그걸 수치를 모르는 놈이라고 욕하지 않았다. 내가 작은 일에 구애받지 않고, 천하에 공명을 세우지 못함을 부끄러이 생각하고 있는 것을 알고 있었기 때문이다. 나를 낳아 주신 이는 부모님이지만, 나를 진정 알아준 사람은 포군이었다.”

—〈사기〉 '관중열전'

구우九牛의 일모一毛

; 아홉 마리 소의 털 가운데 한 오라기 털

사마천이 이능(李陵)을 변호해 주다가 궁형(남자의 성기를 없애는 형)을 받게 된 데에는 이런 사정이 있었다.

천한 2년, 이능은 이광리의 별동대가 되어 흉노 정벌에 나아갔었다. 그는 변경에서 이름을 날린 이광의 손자이다.

이능은 겨우 5천의 군사를 거느리고 있었으며, 게다가 기마는 가지지도 못했다. 그런데도 적의 주력과 맞부딪혀 몇십 배나 되는 적과 십여 일에 걸쳐 싸웠다. 이능으로부터 전황 보고를 가지고 가는 사자가 올 때마다 서울에서는 천자를 비롯하여 모든 벼슬 아치가 축배를 들고 기뻐했다. 그러나 그가 싸움에 졌다는 보고를 받자 천자와 대신들은 더할 수 없이 슬퍼했다.

그 이듬해 죽은 줄 알았던 이능이 흉노에게 항복하여 후한 대접을 받고 있다는 사실이 알려졌다. 한나라의 무제는 이 소식을 듣자 불같이 노하여 이능의 일족을 모두 잡아 죽이려 했다.

뭇 신하들은 자기 몸의 안전과 이익을 위해 무제의 얼굴빛을 살피며 이능을 위해 한마디 말도 하지 못했다. 조정에는 벌써 어두운 구름이 끼기 시작한 때였던 것이다. 이때 오직 한 사람, 이능을 위해 변호한 사람이 사마천이었다. 사마천은 일찍이 '이능이란 사나이는 생명을 내던지고서라도 난지로 뛰어드는 애국의 무인'이란 것을 알고 있었다.

그는 역사가로서의 준엄한 눈으로 일의 진상을 뚫어보고 대담 솔직하게 말하지 않고는 견디지 못했다.

"황공하오나 아뢰옵니다. 이능은 근소한 병력으로 억만의 적과 싸워 오랑캐의 왕을 떨게 하였사옵니다. 그러하오나 원군은 이르지 않고, 아군 속에서 반역자가 생기게 되어 부득이한 일이 아닐 수 없었사옵니다. 그래도 이능은 병사들과 함께 사람으로서 할 수 있는 데까지 힘을 발휘한 명장이라 해도 과언이 아닌 줄 아옵니다. 그가 흉노에게 항복한 것도 필시 뒷날 한에 보은할 의도가 있는 까닭이 아니오리까. 이러한 때에 이능의 공을 천하에 드러내 주심이 옳은 줄 아옵니다."

이 말을 들은 무제는 크게 노하여 '사마천은 이광리의 공을 가지고 이능을 두둔하려 든다'라고 오해하여 사마천을 옥에 가두었을 뿐 아니라, 드디어는 궁형에 처했다. 궁형은 남자의 자격을 잃을 뿐 아니라, 수염이 없어지고 얼굴이 말쑥해지며 성격까지도 변한다는 형벌이다.

사마천 자신도 이 형벌을 가장 하등의 치욕이라고 말하고 있다. 그러나 그는 '세인은 내가 형을 받은 것쯤 구우(九牛)의 일모(一毛)를 잃은 것으로밖에 생각하지 않을 것'이라고 말했다.

왜 사마천은 살아서 그러한 치욕을 견디지 않으면 안 되었을까. 이런 형을 받는 사람은 비록 종이라도 스스로 목숨을 끊는 일이 많은데, 어째서 목숨을 끊지 않았을까. 거기에는 그의 저서인 〈사기〉를 완성하기 위한 큰 뜻이 있었다.

그의 부친 사마담은 성력(星曆)과 제사(祭祀)를 맡은 태사령이란 직책을 가졌던 사람으로, 죽을 때 통사(通史)를 기록하라고 유언했었다. 사마천으로서는 〈사기〉를 완성하지 않고서는 죽으려야 죽을 수 없는 것이었다. 아버지와 아들의 뜻이 불같이 일어 사마천의 집념이 되어 그는 설령 세상 사람들이 아무리 비웃는다 해도 창자가 끊어지는 듯한 괴로운 심정에서도 붓을 놓지 않고 써나갔다. 속된 무리에게는 알 도리 없는 괴로움을 맛보면서 그는 〈사기〉 130권을 완성한 것이다.

'구우의 일모'는 문자 그대로 아홉 마리 소의 털 가운데 한 오라기 털로, '다수 속의 극소수', '수에도 들지 않는 일'을 의미한다.

—〈논어〉, '학이편', '양화편'

군계일학 群鷄一鶴

; 많은 닭 사이의 한 마리 학

해소는 죽림칠현 중의 한 사람으로, 유명한 위나라 중산대부 해강의 아들이다. 해소는 열 살 때 아버지가 무고한 죄로 형장의 이슬로 사라진 이래, 어머니를 모시고 근신의 생활을 해 왔다. 아버지의 친한 벗인 칠현의 한 사람 산도(山濤)―아버지 해강은 죽음에 즈음하여 해소에게 산도 아저씨가 있으니, 너는 고아가 아니니라 했다―가 당시 이부에 있었는데 무제에게,

"강고(康誥; 서경의 편명)에, 부자간의 죄는 서로 미치지 않는다고 하였사옵니다. 해소는 해강의 아들이기는 하오나 어질기가 춘추의 대부 극흠보다 나을망정 못하지 않사오니, 바라옵건대 돌보아 주시어 비서랑으로 임명하여 주옵소서."

하고 아뢰었다. 그랬더니 무제는,

"경이 말한 대로 하면 승이라도 시킬 수 있겠소. 낭으로 할 것 없이……."

하고 비서랑보다 한 계단 위인 비서승으로 관에 임명하였다.

해소가 처음 낙양에 올라왔을 때, 어떤 사람이 칠현의 한 사람인 왕융에게,

"어제 사람들 틈에서 처음으로 해소를 보았는데, 기상이 좋고 맵시 있어 독립불기(獨立不羈; 독립하여 아무도 억누를 수 없음)

의 학이 닭의 무리 속에 서 있는 것 같았습니다."

라고 하였다. 왕융은,

"자네는 도대체 그 사람의 아비를 보지 못했기 때문이야."

했다고 한다. 즉, 해소의 부친은 더구나 그러했던 모양이다.

여기서 '군계일학'이라는 말이 나왔다. 해소는 얼마 후에 여음의 태수가 되었고, 상서좌복사를 하고 있던 배위는 해소를 소중히 여겨,

"해소를 이부의 상서로 한다면, 천하에 이보다 더 뛰어난 영재는 없을 것을……."

하고 늘 말했다.

해소는 이렇게 하여 혜제 곁에 있으면서 직언을 올리는 몸이 되었다.

제왕 경이 위세를 떨치고 있을 때, 해소가 의논할 일이 있어 왕에게 나아가니 왕은 몇몇 신하와 주연을 벌이고 있었는데, 그 신하들이 해소가 악기를 잘한다고 말했다. 그리하여 거문고를 가져오게 하여 왕이 해소에게 뜯어보라 하였다. 그러자 해소는 왕에게 정중히 아뢰기를,

"왕께서는 나라를 새로이 하여 백성들의 모범이 되실 분이 아니십니까. 저도 미흡한 자이오나, 천자를 모시고 조복을 입고 궁중에 있는 터이옵니다. 악기를 들고 어찌 광대의 흉내를 낼 수 있겠사옵니까. 평복으로 사사로운 연석이라면 사양하지 않겠사오나……."

하며 면박을 준 일도 있었다.

영흥 원년, 8왕의 난이 한창일 때의 일이다. 왕은 하간왕 옹을

치려고 군사를 일으켰으나 전세가 불리하여 도망치게 되었는데, 해소가 부름을 받고 행재소에 달려간 것은 왕의 군사가 탕음(蕩陰)에서 패했을 때였다.

　해소는 모두 도망해 버린 뒤에 홀로 의관을 바로 하고 창과 칼이 불꽃을 일으키는 어차(御車) 앞에서 몸으로 왕을 감싸며 지켰다. 그리고 드디어 빗발치는 적의 화살에 맞아 왕의 곁에서 쓰러져 선혈로 왕의 어의를 물들였다. 왕은 깊이 슬퍼하여 전쟁이 끝난 뒤에 근시(近侍)들이 왕의 의복을 빨려 하자,

　"이것은 해시중의 충의의 피다. 씻어 없애지 말라."

하며 옷을 빨지 못하게 했다.

　처음에 해소가 왕에게 가려 했을 때 같은 시중인 진준(秦準)이,

　"이번 난리 속에 가려면 좋은 말을 타야 할 텐데 말은 가졌소?"

하고 물었는데, 해소는 얼굴을 굳히며,

　"폐하의 친정(親征; 왕이 몸소 정벌에 나섬)은 정(正)으로 역(逆)을 치심이라, 어디까지나 정벌이지 어찌 난리라 하겠소. 폐하를 경호함에 실패했다면 신하의 충절이 어디 있을 것이며, 빠른 말이 무슨 소용이 있겠소."

라고 말했다. 이 말을 들은 사람 누구나 감탄하지 않는 이가 없었다.

―〈진서〉 '해소전'

문경지교 刎頸之交

; 목을 베어도 변하지 않는 사귐

인상여(藺相如)는 처음엔 조나라 혜문왕의 총신(寵臣) 류현(謬賢)의 식객에 지나지 않았었다. 그러나 '화씨(和氏)의 벽(璧)'을 되찾아 온 공으로 상대부의 벼슬을 했다. 그리고 3년 후에 진왕(秦王)과 조왕(趙王)이 면지라는 곳에서 서로 만났을 때, 조왕이 창피를 당할 뻔한 것을 구해 내어 당당히 진왕으로부터 한술 더 뜨게 한 공으로 상경으로 임명되었다.

인상여의 지위는 조나라의 이름난 장군 염파(廉頗)보다도 윗자리였다. 이에 염파가 분개하여 말했다.

"나는 적의 성을 공격하고 야전에서도 큰 공을 세웠는데, 상여는 입으로 종알거리기만 하고서 나보다도 더 높은 자리에 앉았다. 그자는 본디 비천한 신분이었다. 그런 자 아래서 내가 머물러 있는 것은 치욕이다!"

그리고 염파는 배짱 있게 여러 사람에게 선언했다.

"언제 내가 상여를 만나기만 한다면, 꼭 부끄러움을 알게 해 주리라."

이런 이야기를 전해 들은 인상여는 염파 만나기를 꺼렸다. 조정에서 그와 자리다툼을 하기가 싫어서 병이라 핑계하고 나아가지 않기도 하고, 길에서 그의 수레가 오는 것을 보면 미리 피해 가기도 했다.

"제가 여태까지 선생님을 모시고 있은 것은 선생의 높은 뜻을 사모했기 때문이었습니다. 그런데 지금 선생께서는 염 장군을 누구보다도 두려워하고 계십니다. 어리석은 백성도 다 수치를 알거늘, 하물며 상경의 몸이 아닙니까! 저는 이 이상 더 참을 수 없으니 저를 돌아가게 허락해 주십시오."

인상여는 그 부하를 붙들고 말했다.

"염 장군과 진왕과 어느 쪽이 두려운가?"

"그야 진왕이지요."

"그러나 나는 진왕의 세력도 두려워하지 않고, 줄지어 서 있는 여러 신하까지도 흉보아 주었었다. 내 아무리 못났기로서니 염 장군을 두려워하겠는가. 그러나 생각건대, 강국인 진이 지금 조나라에 싸움을 걸어오지 않는 것은 오로지 염 장군과 내가 같이 있기 때문일 거야. 두 호랑이가 같이 어울려 싸우면 어느 쪽이건 쓰러지게 마련이야. 내가 염 장군을 피하는 것은 국가의 위급을 첫째로 생각하고, 개인의 원한을 뒤로 돌렸기 때문이다."

염파가 이 이야기를 전해 듣고 크게 부끄러워하여, 웃통을 벗고 가시덩굴을 지고 맨몸에 채찍을 받겠다는 생각으로 인상여 식객의 안내로 그의 집을 방문했다.

"진실로 죄송하오. 내 비천한 탓으로 선생의 관대한 마음을 몰랐습니다."

그는 진심으로 사과했다. 그 후 두 사람은 깊이 사귀어 '문경의 사귐'을 가졌다고 한다.

'문경지교'란 '친구를 위해서는 목이 잘리는 일이 있더라도 두려워하지 않는다'라는 뜻으로 쓰이고 있다.

—〈사기〉 '인상여전'

문전작라 門前雀羅

〈사기〉의 '급(汲)·정(鄭) 열전'에는 함께 한의 무제를 섬기며 구경(九卿)의 지위에까지 오른 일이 있는 급암과 정당시의 이야기가 실려 있다. 그들을 나란히 실은 사마천에게는 뚜렷한 의도가 있었다.

이 두 사람은 다 같이 체면을 지키며 의리가 있는 사람으로, 찾아오는 손님을 극진히 대접했다. 특히 정당시는 항상 아랫사람들에게 '손님이 오면 그의 귀천을 가리지 않고 문간에서 기다리게 해서는 안 된다. 주인의 예를 다하여 반가이 손잡아 안내할 것이다'라 했고, 자기가 높은 지위에 있음에도 불구하고 남에게는 겸손했다.

그러나 두 사람이 모두 관위에는 부침이 심했다. 급암은 어떤 일에나 겉치레하지 않는 솔직한 말로 간언을 올렸기 때문에 무제가 멀리하는 사이가 되어 관직에서 쫓겨나기도 했고, 회양군의 태수가 되기도 했다. 정당시도 자기가 돌봐 준 사람의 죄에 연루되어 서민으로 내려지고, 나중에는 여남군의 태수로 끝이 났다. 이 두 사람은 모두 관직에서 물러나자 집안이 가난하였으므로 찾아오는 손님이 하루하루 줄어들어 나중에는 아무도 찾는 이가 없었다.

사마천은 이 두 사람의 전기를 쓰고 끝에 가서 이렇게 말했다.

대저 급과 정처럼 현인이라도 세력이 없어지면 모두 떠나 버린다. 하물며 예사 사람에 있어서야 말할 것도 없다. 책공의 경우는 이러하다. 책공이 정위의 관직에 있게 되자 방문객이 문 앞에 넘쳐 부산하기 그지없었다. 그러나 그가 관직을 떠나자 방문객은 뚝 끊어져 문 앞에는 참새 떼가 놀고, 문전에 새 잡는 그물이 쳐질 정도였다. 이윽고 책공이 다시 정위의 자리에 돌아오니 방문객은 다시 들끓었으므로 책공은 대문에 크게 써 붙였다.

일사일생(一死一生), 즉 교정을 알고,
일빈일부(一貧一富), 즉 교태를 알며,
일귀일천(一貴一賤), 교정이 곧 나타나도다.
어찌 슬픈 일이 아니랴.

'작라'라는 것은 새를 잡는 그물이다. 문밖에 작라를 친다는 것은 가난하여서 찾는 사람이 없고, 조용하여 참새들이 모여드니 그물을 쳐서 새를 잡을 정도라는 뜻으로 한산한 상태를 말해 준다. 사마천의 탄식에는 사람의 마음을 치는 것이 있다. 그 탄식은 2천 년이 지난 오늘에도 변함이 없는 것 같다.

—〈사기〉 '급·정 열전'

방약무인 傍若無人

전국의 세상도 거의 진의 통일로 돌아가서, 시황제의 권위가 천하를 압도했을 때의 일이다. 위나라 사람인 형가는 나랏일에 관심이 커 위의 원군(元君)에게 정치에 관한 의견을 펴 보였으나 쓰이지 못하여, 그때부터 여러 나라를 방랑하며 지냈다. 사람됨이 침착하여 여러 곳에서 현인 호걸들과 사귀었다. 그의 방랑 시대에 전해진 이야기에 다음과 같은 것이 있다.

산서의 북쪽을 지날 때 개섭(蓋攝)이란 자와 칼에 관해서 이야기했다. 그때 개섭이 화가 나서 형가를 쏘아 보자, 형가는 곧 자리에서 일어나 가 버렸다. 어떤 사람이 개섭에게 한 번 더 형가와 토론해 보는 것이 어떠냐고 하자, 그는 이렇게 말했다.

"토론이고 뭐고 없소. 그 사람은 여관에 머물러 있지도 않을 것이오."

과연 사람을 보내 보니, 이미 떠난 뒤였다.

이 사실을 알고 개섭은,

"물론 그럴 거요. 내가 쏘아보면서 위협을 했으니까……."

라고 말했다.

또 형가가 한단에 갔을 때의 일이다. 노구천이란 사람과 주사위 놀이를 하다가 다투게 되었는데, 노구천이 화를 내어 소리를 치자 형가는 아무 말 않고 달아나 다시는 돌아오지 않았다.

그는 연나라에 가서 개 잡는 사람과 축이란 악기를 잘 치는 고점리와 사귀었다. 이 두 사람과 같이 형가는 날마다 거리를 돌아다니며 술을 마셨다. 취하면 고점리는 축을 치고, 형가는 거기 맞춰 노래를 부르며 즐겼다. 감상이 극도에 달하면 같이 붙들고 울기도 했다. 마치 옆에 아무도 없는 것과 다름없이[傍若無人].

'방약무인'이란 말은 옆에 사람이 없는 듯이 조금도 개의치 않고 멋대로 날뛰는 걸 의미한다. 그 당시 사람들도 형가에 대해서 그렇게 생각했겠지만, 방약무인이라고 하면 체면 없이 날뛰는 걸 가리키는 경우가 많다. 그러나 그것도 한결같은 마음으로 '방약무인'한 그것과 다만 성질에 의해서 그런 것과 사람에 따라 다르다.

형가는 뒷날 연의 태자 단의 부탁을 받고 진왕을 쓰러뜨리려고 목숨을 걸고 길을 떠났다. 배웅해 주는 사람들 가운데는 고점리도 섞여 있었다. 그들은 드디어 역수가 헤어져야 했다. 그때 고점리는 축을 치고, 형가는 거기 맞추어 노래를 불렀다. 형가는 일을 이루지 못하고 죽고, 고점리는 뒤에 장님이 되어서까지 친구의 원수를 갚으려고 진왕을 노리다가, 역시 실패하여 형가의 뒤를 따르게 되었다. 그리고 노구천은 전날 형가에 대한 자기의 어두움을 부끄러워했다고 한다.

그러나 역수가 헤어질 때, 두 사람은 앞날이 어떻게 될지 알았을 리 없다. 다만 한 사람은 축을 치고, 한 사람은 노래하여 마치 옆에 사람이 없는 듯이 했을 것이다.

—〈사기〉 '자객전'

백아절현 伯牙絶絃

춘추 때 백아라는 거문고의 명수가 있었는데, 그의 친구 종자기는 거문고를 듣는 데 명수였다. 백아가 거문고를 뜯어 높은 산들의 모습을 나타내려고 하면, 옆에서 그걸 듣는 종자기가,

"아, 훌륭한 음악이여, 높이 솟은 느낌이라 마치 태산을 보는 것 같아!"

하고 칭찬해 주고, 흘러가는 물의 기분을 내려고 하면,

"멋지구나! 양양한 물이 흐르는 것 같아 마치 장강이나 황하 같군!"

하고 좋아해 준다.

이런 식으로 백아가 마음속에 생각한 것을 거문고에 실어 보려고 할 때는 종자기가 틀림없이 알아주어서 틀리는 일이 없었다.

어느 날, 이 두 사람이 같이 태산 골짜기 깊이 들어간 일이 있었다. 그때 갑자기 소나기를 만나 두 사람은 어떤 바위 아래서 비를 피했는데, 좀체 비는 멎지 않고 개울물에 흙과 모래가 쏟아져 흐르는 소리가 무섭게 들려 왔다.

불안한 마음에 떨면서도 과연 거문고의 명인이라, 백아는 늘 가지고 다니던 거문고를 들어 뜯기 시작했다. 처음 곡은 '장맛비의 곡', 다음에는 '산사태의 곡'. 한 곡조가 끝날 때마다 언제나처럼

종자기는 틀림없이 그 곡의 주제를 말하며 칭찬해 주었다. 언제나 그러했건만, 이때는 때와 장소가 달랐던 탓인지 백아는 울고 싶도록 감격하여 거문고를 내려놓고 감탄하며 말했다.

"아, 훌륭하이! 자네의 듣는 귀는. 자네의 마음은 나와 조금도 다를 바 없군. 자네 앞에서는 나도 거문고를 섣불리 뜯을 수 없네."

두 사람은 그만큼 마음이 맞는 연주자요, 또 감상자였으나, 불행히도 종자기는 병을 얻어 죽었다. 그러자 백아는 그렇게까지 거문고에 정신을 쏟고 일세의 명인으로 찬양받았건만, 아끼던 거문고의 줄을 끊고 부숴 버렸다. 다시는 거문고를 뜯지 않을 결심이었던 것이다. 그것은 종자기라는 다시 만날 수 없는 훌륭한 듣는 사람을 잃은 이상, 이미 자기가 누구 앞에서 거문고를 뜯을 것인가? 들을 줄 아는 사람이 없는 바엔 차라리 뜯지 않겠다는 생각에서였다.

이 이야기는 진실한 예술 정신을 시사해 주기도 한다. 그러나 예술의 세계뿐 아니라, 어느 시대, 어떤 사회에서도 자기의 일, 자기의 정신을 남김없이 알아주는 진실한 친구를 가지는 것은 다시 없는 행복일 것이요, 그러한 사람을 잃게 될 때는 무한한 슬픔을 느끼게 되는 것이 아닐까. 자기를 알아주는 멋을 '지음(知音)'이라는 말도 이 고사에서 나온 것이다.

범이라고 그린 것이 개

후한의 건무 16년, 복파장군 마원은 1만의 군사를 거느리고 교지(交趾)로 남하해 갔다. 징측, 징이라는 강하기 이를 데 없는 형제가 한의 식민정책에 반기를 들고 함락시킨 성이 예순여섯에 이를 만큼 그 세력이 굉장하여 징측은 왕이라 칭하고 있었다. 마원은 이들과 3년을 두고 힘겨운 싸움을 하게 된다.

마원이 교지에서 서울로 보낸 편지가 있었다. 형의 아들 마엄과 마돈에게 보낸 것으로, 이 두 조카가 의를 소중히 여기고 목숨을 가벼이 아는 경향이 있음을 경계한 편지였다.

남의 잘못을 듣는 것은 좋으나 자기가 떠들어대서는 안 되고, 나라의 정치를 경솔히 비판해서는 안 된다고 한 다음, 마원은 이렇게 쓰고 있다.

"용백고(龍伯高)란 사람은 그 인품이 중후하고 신중하며 또 겸손하고 검소하다. 나는 그를 좋아하고 중히 여기며, 너희들이 본받기를 바라는 터이다. 두계량(杜季良)은 호걸이요, 의협심이 강해 남의 걱정을 걱정하고 남의 즐거움을 즐거워한다. 그러므로 그의 부친이 죽었을 때는 여러 고을 사람들이 모두 모여 와서 장사지냈을 정도이다. 나는 그를 좋아하고 중히 여긴다. 그러나 너희들이 본받기를 바라지는 않는다. 용백고를 본받는다면, 거기까지 이르지는 못할지언정 적어도 근직(僅直)한 인물은 되리라. 이를테면 따오기를 그리려다가 안 되어 거위 비슷한 것이 되는 셈이다. 그러나 두계량의 흉내를 내다가 그대로 되지 못하면, 다만 경박한 인물로 그칠 뿐이다. 이를테면 호랑이를 그리다 안 되어 개 비슷한 것이 되는 따위다. 마음에 새겨 두기를 바란다."

무얼 배워서 한 일이 실패하거나, 소질 없는 사람이 훌륭한 사람의 흉내를 내어 경박하게 덤비는 것을 '범이라고 그린 것이 개'라고 말하게 된 것은 여기서 나온 말이다.

마원의 이 말은 확실히 그 자신의 체험에서 얻은 것인 듯하다. 그는 젊은 시절, 군의 순찰관으로서 죄수를 호송하다가 가엾이 생각하여 죄수를 놓아 보내고 자기는 북방으로 망명하였다. 그리고 그 뒤 북방에서 많은 식객이 모이고, 먹이는 가축이 수천 마리, 수만 석의 곡식을 추수하게 될 만큼 성공하자 재산을 가난한 사람들에게 모두 나눠 주었다. 그렇지 않으면 오직 수전노라 생각한 것이다. 그리고 서쪽 지방으로 달려가 동란의 천하에 뛰어들었다. 그는 외효를 섬겼고, 뒤에는 유수를 섬겼다.

이렇게 하여 스스로 호걸의 멋을 아는 그가 호협의 흉내를 낸 것을 오히려 남부끄럽게 생각하게 된 것은 있음 직한 일이다. 그는 그런 흉내 내기의 폐단을 몸소 경험했던 것이다.

마엄은 그 후 근직한, 그리고 일에 있어 절개를 굽히지 않는 사람으로 살다가 80이 넘은 나이에 일생을 마쳤다. 마돈도 마찬가지였다. 둘이 다 범을 잘못 그려 개를 만들지는 않은 것 같다.

그러나 마원의 이 편지는 마원에게 생각지 않은 일을 가져왔다. 두계량은 이 편지가 자료가 되어 다른 사람들의 비방을 받고 관직에서 쫓겨났다. 그때 광무제의 사위인 양송도 두계량과 친했던 탓으로 하마터면 죄에 연루될 뻔했으며, 그래서 마원을 원망하게 되었다. 그리고 건무 24년에는 마원이 지금의 호남성에 있던 무릉만을 치려고 원정하였다가 싸움에 패하여 싸움터에서 죽었다. 이때 양송이 광무제에게 마원을 나쁘게 말하여, 마원은 죽은 뒤에 인수(印綬; 관리가 몸에 지니고 있던 인장과 그 끈)를 회수하는 치욕을 당했다.

—〈후한서〉'마원전'

석수침류 石漱枕流

; 돌로 입을 씻고 흐르는 물에 베개 삼는다

진나라에 손초(孫楚)라는 사람이 있었다. 그는 글솜씨가 뛰어난 사람으로 조상 대대로 상당한 벼슬을 한 좋은 가문에서 자랐건만, 고향에서는 도대체 빛이 나지 않았다.

어느 날, 전날 인재 등용관이던 대중정이 손초의 벗인 왕제에게 손초의 인물에 관해서 물은 일이 있었다. 이에 대해 왕제는 이렇게 대답했다.

"그 사람은 당신이 직접 만나 본다 해도 알지 못할 인물입니다. 제가 말씀드린다면 손초는 천재요, 비할 데 없이 뛰어난 사람이라 다른 사람과 같이 생각할 수 없는 그런 인물입니다."

그 당시는 노장 학문이 성하여 세상을 피해 숨어 사는 것을 좋아하는 경향이 많았고, 세속의 도덕이나 이름나는 것을 경멸하여 노장의 철리를 이야기하기 좋아하며, 이를 '청담(淸談)'이라 하여 사대부들 사이에 크게 유행했다. 그들 중 유명한 것이 '죽림의 칠현'이었다.

손초는 젊었을 때 그러한 풍조를 그리워하여 산림에 은거하려 했으나, 40이 지나서부터는 석포 밑에서 군대에 있었고, 석포를 위해 오주(吳主) 손호에게 보내는 투항 권고문 등을 쓰기도 했다. 뒤에 풍익의 태수가 되어 원강 3년에 죽었으니 60을 넘어 산 셈이다.

이 손초가 젊었을 때의 일이다. 속세를 버리고 산림 속에 숨어 있고 싶어 하다가 그 뜻을 친구 왕제에게 말했다. 그때 '돌을 베개로 하고 흐르는 물에 입을 씻는……' 즉, 산속 개울가에서 생활하고 싶다는 말을 잘못하여 '돌에 입 씻고 흐르는 물로 베개 하는……'이라고 말했던 것이다.

"물이 어찌 베개가 되며, 돌로 어찌 입을 씻을 수 있단 말인가?" 하고 왕제가 웃었다.

그러자 손초는 당황하지 않고 둘러댔다.

"물로 베개를 한다는 것은 옛날의 은자 허유(許由)처럼 되지 못한 소리를 들었을 때 귀를 씻는다는 뜻이요, 돌로 입을 씻는다고 함은 이를 닦는다는 뜻이라네."

이 이야기는 남에게 지기 싫어함을 말하는 것으로 널리 알려져 있다.

—〈진서〉 '손초전', 〈세설신화〉

수서양단 首鼠兩端

; 쥐가 머리를 내밀고 나올까 말까 망설이다

전한(前漢) 제4대의 효경제 때, 위기후 두영과 무안후인 전분 두 사람은 서로 라이벌이었다. 위기후는 제3대 효문제의 조카의 아들, 무안후는 효경제 황후의 동생으로 두 쪽 모두 왕실과는 깊은 관계에 있었다.

전분이 어렸을 때 두영은 이미 장군이었으나, 효경제의 만년에는 전분도 어느 정도 출세하였고, 효경제가 죽은 뒤에는 반대로 전분이 재상이 되고 두영은 차츰 기울어지게 되었다.

이 두 사람이 결정적으로 견원(犬猿)의 사이가 된 것은 두영의 친한 친구요, 강직의 용장이라 일컬어지던 관부가 어떤 사고를 일으킨 일에서부터 시작되었다. 두 사람은 제각기 왕 앞에 나아가 기를 쓰고 상대편을 욕하고 깎아내렸다.

두 사람으로부터 호소를 들은 왕은 뭐라 판단을 내리기 어려워 신하에게 어느 쪽이 옳은지를 물었다. 관리의 죄를 다스리는 관청의 장 어사대부 한안국은,

"두 쪽 말이 모두 일리가 있으므로 판단키 어렵사옵니다. 이렇게 되면, 오직 폐하의 재단을 우러러 받들 뿐이옵니다."

라고 대답했다.

그 옆에 있던 궁내 대신 정(鄭)은 처음에는 두영 쪽을 두둔하였

으나, 이 상황을 보면 그것도 불리할 것 같아 뚜렷한 의견을 말할 수가 없었다. 그러자 왕은 궁내 대신을 꾸짖었다.

"그대는 평소 두 사람의 일을 가지고 옳다느니 그르다느니 해 왔는데, 어째 가장 중요한 시기에 아무 말도 없는가? 그래서 궁내 대신을 지낼 수 있겠는가? 되지 못한 사람, 그대의 일족을 모조리 목 베리라."

정은 매우 놀라 머리를 숙이고 있을 뿐이었다.

전분은 이런 일로 왕의 마음을 괴롭힌 일을 부끄러이 생각하고 재상을 그만둔 후, 그 길로 대궐을 나오다가 어사대부를 불러 호통을 쳤다.

"그대는 어찌 구멍에서 머리를 내밀고 나올까 말까 망설이는 쥐 모양 이 사건에 흑백을 밝히지 않는가(首鼠兩端)? 이비곡직(理非曲直)은 명백한데도 불구하고."

야단을 맞은 어사는 한동안 어리둥절해 있다가 이윽고 말했다.

"걱정하지 말고 기뻐하십시오. 우선 재상의 자리를 그만두실 일입니다. 그러고는 이렇게 말씀하십시오. '두영의 말이 옳습니다. 저는 억지로 제 뜻을 고집했사옵니다. 폐하께 폐를 끼친 것을 마음으로부터 송구스럽게 생각하옵고, 꾸지람을 달게 받으려 하옵니다. 저 같은 자가 재상의 자리에 있을 수 없는 것은 명백한 일이오니, 저에게 벌을 내리십시오' 하고 말씀하시면 왕께서는 필시 당신의 겸양 덕을 높이 보시고 파면시키거나 하는 일은 없을 것입니다. 그러면 두영은 내심 부끄러이 생각하여 자살이라도 할 것입니다. 둘이 서로 미워하고 욕하는 것은 어른답지 못한 일이라 생각합니다."

전분은 과연 그렇겠다 싶어 시키는 대로 했다. 어사가 말한 대로 전분은 파면은커녕 더욱 왕의 신임을 받게 되었다. 두영은 이때까지의 모든 일을 낱낱이 조사를 받고 그 중심인물이었던 관부 장군의 일족이 몰살당했으며, 뒤이어 두영도 같은 운명에 처했다. 이리하여 이 싸움은 전분의 승리로 끝났다.

그런데 이 싸움에는 뒷이야기가 있다. 그 후 얼마 가지 않아 전분은 병으로 눕게 되었는데, 비몽사몽간에,

"용서해다오! 내가 잘못했어. 잘못했어."

하는 소리가 들렸다.

근신(近臣)들이 걱정하여 무당을 시켜 기도를 드리게 했더니, 그의 병은 곧 전에 원한을 품고 죽은 두영과 관부의 혼이 전분을 죽이려 하는 것임을 알게 되었다. 온갖 방법으로 위령행사(慰靈行事)와 기도를 드렸지만, 두 사람의 원혼은 그에게서 떨어지지 않아 전분은 괴로워 허덕이다가 78일 후에 죽었다.

—〈사기〉 '위기·무안후전'

수어지교 水魚之交

; 물과 물고기와 같이 떨어질 수 없는 사이

후한 말기의 중평 6년, 장군 동탁은 갓 즉위한 황제 변(辯)을 폐하고 진유왕 협(協; 헌제)을 세우고 스스로 재상이 되어 포악한 정치를 했다. 이로 말미암아 천하는 어지러워지고 한동안 군웅할거의 시대가 계속되었으나, 차츰 천하의 추세는 조조, 손권, 유비에게 삼분되어 소위 삼국 정립의 시대로 옮아갔다.

이 가운데서 가장 뒤떨어진 것은 유비였다. 손권이 강동을 얻고 있을 때 유비는 아직 이렇다 할 지반을 굳히지 못했었다. 그에게는 관우, 장비, 조운 등의 용장은 있었지만, 함께 일을 꾀할 책략의 인물이 없었다. 이를 통감한 유비가 이 사람이라면 하고 생각한 것이 제갈공명이었다.

제갈공명은 전란을 피해 양양의 서쪽 융중산 와룡강이라는 언덕에 초가집을 짓고 살고 있었다. 유비는 예를 갖추어 찾아갔으나, 공명은 집에 없다고 하여 만나 주지 않았다. 며칠 후 다시 찾아갔으나 역시 만나지 못했다. 관우와 장비가 무엇 때문에 그렇게까지 허리 굽혀 찾아가느냐고 말리는 것도 듣지 않고 유비는 세 번째 공명을 찾아가서 드디어 목적을 달성했다.

"이미 한실(漢室)은 기울어져 간신들이 천하를 도둑질하고 있습니다. 나는 나 자신의 힘도 돌아보지 않고 천하에 대의를 펴려고 뜻하나, 아는 것이 없고 이렇다 할 일도 못 한 채 오늘에 이르렀습니다. 그러나 아직 뜻을 버리지는 않았습니다. 아무쪼록 힘을 빌려주시기를 바랍니다."

소위 삼고의 예[三顧의 禮]를 다하여 유비는 공명이 세상에 나와 주기를 간절히 청한 것이다. 공명도 자기를 알아주고 대우함을 고맙게 생각하여 유비를 위해 일할 결심을 했다. 비록 초가집에 들어 있기는 했지만, 공명의 세상에 대한 바른 눈은 유비의 기대를 저버리지 않고 예리했다. 유비의 물음에 답하여 공명은 한실 부흥의 계책을 다음과 같이 말했다.

"형주와 익주의 요해(要害)를 눌러 이곳을 근거지로 하고, 서쪽과 남쪽의 만족을 어루만져 뒤돌아볼 우려가 없게 한 다음, 안으로 정치를 잘하여 부국강병을 꾀하고 밖으로는 손권과 손을 잡아 조조를 고립시켜 때를 보아 조조를 치는 일, 이것이 나의 한실 부흥의 계책이오."

유비의 신하가 된 공명은 이 기본 정책에 따라 착착 한실 부흥의 걸음을 계속해 나아갔다. 유비는 공명을 스승으로 받들고 침식을 항상 같이했다. 공명도 자기의 재능을 다 기울여 유비를 위해 힘을 썼다.

처음에는 관우와 장비가 젊은 공명에 대한 유비의 대우가 지나치다고 하여 공명을 비난했었다.

그때 유비는 이렇게 말했다.

"공명을 얻은 것을 나는 고기가 물을 얻은 것과도 같다고 하고 싶다. 두 번 다시 그런 소리 하지 말라."

임금과 신하 사이가 친밀한 것을 가리켜 '수어의 교'라고 하게 된 것은 여기서 나온 말이다.

—〈삼국지〉'촉지 제갈공명'

죽마고우 竹馬故友

진나라 사람 은호(殷浩)는 견식과 도량이 넓어 젊을 때부터 소문이 높았다. 숙부인 융(融)과 함께 노자와 주역을 즐겨 했는데, 입으로 주고받으면 호가 이기고, 글을 쓰게 되면 융이 이기니 풍류를 아는 사람이라면 이 두 사람을 첫째로 꼽았다.

어떤 사람이 은호에게 물었다.

"관직에 있을 때 꿈에 관(棺)을 보고, 재물을 얻게 될 때 더러운 것을 꿈에 보는 것은 무슨 까닭일까요?"

"관리란 본래 썩어서 냄새가 나는 것이지요. 그래서 관리가 되려는 사람은 꿈에 사체를 보게 되는 것이오. 또, 돈이란 본래 추한 것이니 꿈에 더러운 것을 볼 수밖에 없지요.'
하고 대답했다.

세상 사람들은 이 말을 명언이라고 했다. 은호는 누가 뭐라고 권해도 관리가 되려 하지 않고 10년이란 세월을 선조 대대의 무덤을 지키고 지냈는데, 공신들을 계속해서 잃은 간문제의 간절한 청을 물리치기 어려워 드디어 양주자사가 되었다. 이는 그 당시 촉나라를 평정하고 돌아와 그 세력이 대단한 환온을 견제하기 위한 것이었다.

이 때문에 두 사람은 서로 의심하게 되었고, 왕희지가 이 두 사람을 화해시키려 노력했지만, 은호는 이에 응하지 않았다. 그즈음, 후조의 왕 석계룡이 죽어 호족(胡族)들 사이에 소란이 일어났으므로 진나라에서는 그 기회를 놓치지 않고 일거에 중원을 회복하려고 은호를 중군장군도독에 임명하였다.

은호는 중원을 평정하는 것이 자기의 임무라 생각하고 싸움터에 나갔으나, 출발할 때 말에서 떨어져 남들이 모두 나쁜 조짐이라고 말했다. 은호는 결국 요양에게 참패당하고 돌아왔다. 이렇게 된 것을 다행으로 생각한 것은 환온이었다. 환온은 곧 왕에게 상소하여 드디어 은호를 서인으로 떨어뜨려 동양의 신안현으로 귀양을 보냈다.

은호가 귀양 간 뒤에 환온은 사람들에게 이렇게 말했다.

"나는 어릴 적에 은호와 같이 죽마를 타며 놀았는데, 내가 죽마를 가지고 놀다가 버리면 반드시 은호가 주워 가졌다. 그러고 보면 그는 내 아래 있음이 당연하다."

죽마는 대나무로 만든 말이니, 곧 아이들의 장난감이다. '죽마의 벗'이라 함은 어릴 적의 친구를 뜻하는 말이다.

배소(配所)에 있는 은호는 누구도 원망하지 않고 지극히 조용히 나날을 보내며 귀양살이란 느낌은 전혀 없었다. 그러나 항상 하늘을 우러러 '돌돌괴사(怪事; 이 무슨 괴이한 일인고!)'하고 손가락으로 쓰는 버릇이 생겼다 한다.

그 후 환온이 은호에게 상서령의 벼슬을 주겠다는 편지를 보내자, 은호는 즐겨 승낙하고 답장을 써서 봉투에 넣었다가 틀림없게 하려고 꺼내어 다시 보고는 넣고, 넣었다가는 끼내 보고 하다가 그만 넣는 것을 잊고 빈 봉투를 보내어 환온을 크게 노하게

했다. 그리하여 다시는 찾지 않았다. 그리고 은호는 귀양살이 중
에 죽었다.

청담 清談

; 청신하고 놀라운 이야기

세상에서 죽림칠현이라고 부르는 현인이란 위·진 시대에 살면서 그 기이하고 활달한 말과 행동으로 평판이 높았던 한 무리의 명사들, 즉 산도(山濤), 완적(阮籍), 완함(阮咸), 유영(劉伶), 상수(向秀), 왕융(王戎), 혜강(嵇康)의 일곱 사람을 말한다.

  그들은 그 시대의 어지러운 정치, 사회의 변천을 보면서 정치적 권력자와 그들을 추종하는 세속적인 관료들의 더럽고 아니꼬운 생활 태도를 싫어하였고, 기만적인 유교적 도덕과 예절의 속박을 혐오했다. 그리하여 남다른 언동을 거침없이 하며, 술에 취하고 세속을 떠난 노장사상에 이끌려 몸을 거기 맡겼던 것이다. '죽림칠현'이라 불리는 것은 그들이 어지러운 세상을 떠나 서로 더불어 대숲에서 어울리며, 술에 취해서는 '청담(清談)'을 즐겼기 때문이라 한다.

  여기서 '청담'이란 곧 청신하고 놀라운 이야기, 즉 세속의 명리나 희비를 초월한 고매한 정신의 자유로운 세계를 주제로 한 노장의 철학을 논했을 것이다. 특히 이들에게서 떼놓을 수 없었던 것이 술이다. 칠현으로 하여금 그 이름을 높게 한 것도 그 술에 의한 도취요, 그것으로 해서 더러운 정치 세계에서 자기 몸을 지키며 유교 도덕에 저항할 수 있었던 것이다. 뒤집어쓰듯이 술을 마시고는 보잘것없는 속물의 방문객을 백안시한 완적, 돼지와 함께 큰 항아리의 술을 마구 마신 완함, 술 냄새를 풍기며 알몸뚱이로 집 안에 드러누워서 찾아온 사람에게,

"내게는 하늘과 땅이 내 집이다. 이 조그마한 집 같은 건 내 베 고장이기에 지나지 않는다. 자네는 어찌 남의 제고장이 속에까지 기어들어 오는가?"

라고 한 유영 같은 이는 그 전형적 인물이다.

제3강

책략 策略

전략을 세우다

독안룡 獨眼龍

당나라 의종 말년, 산동 하남지방은 큰 홍수를 만났는데, 이듬해 희종 건부 원년에는 같은 지방이 전년과는 반대로 큰 가뭄을 만났다. 그런데도 관에서의 조세 징수는 가혹하기만 하여, 농민들은 견디다 못해 처자를 팔아 간신히 세금을 내는 사람도 많았다.

산동 땅에서 일어나기 시작한 농민 봉기는 드디어 조주 출신의 일대 풍운아인 황소(黃巢)를 궐기케 하였다. 황소는 이미 먼저 난을 일으키고 있던 같은 산동 출신의 왕선지(王仙芝)와 손을 잡고 각처를 쳐서, 투항해 오는 자들을 포함하여 급속히 그 병력을 증강하고 있었다. 이윽고 병사들의 수가 수십만을 헤아리게 된 황소는 광명 원년 11월에 낙양을 함락시키고 노도와 같이 진격을 계속하여 기어이 당의 서울 장안을 함락시켰다. 백성들의 환호 속에 장안에 입성한 그는 스스로 제제(齊帝)라 일컫고, 대제국을 세웠다.

한편, 홍원에서 성도로 난을 피해 가 있던 희종 쪽에서도 차차 반격의 태세를 갖추게 되었다. 맹장 이극용(李克用)의 등장이 그것이다. 이극용은 돌궐의 사타부 출신으로 호지(胡地)에 숨어 있었는데, 황소 토벌에 기용되어 4만의 병을 거느리고 하중으로 진격해 나아갔다.

이극용은 애꾸눈이었기 때문에 '독안룡'이라고들 했다. 또 〈오대사(五代史)〉 '당기(唐記)'에서는 '이극용은 젊은 나이에도 용맹스러워 군중에서 이아아(李鴉兒)라 했다. 한 눈이 애꾸인 그가 귀한 사람이 됨에 또 독안룡이라 이름한다'라고 했다. 또 〈당서〉에는 '희종 때 황소가 반란을 일으켰으나, 이극용이 이를 격파한다. 그때 사람들이 애꾸눈인 그가 용맹하다 하여 독안룡이라 이름했다'라고 적고 있다. 이것만 보아도 그를 상당히 두려워하였고 존경의 마음으로 그렇게 불렀던 것 같다.

그런데 이 독안룡 이극용의 군대는 모두 검은 옷을 입고 있었으므로 황소의 군에서는 그 무서운 진격에 '아군(鴉軍; 까마귀군)이 온다!'라고 하여 무서워했다고 한다.

그러나 쇠퇴했다고는 해도 아직 맹렬한 위세를 떨치는 황소군은 산동, 하내 방면에서 당군을 쳐부수고 있었다. 이극용은 5만의 병사를 내어 스스로 당군의 총수로서 산동에 들어가 황하를 건너는 황소군에게 큰 타격을 주어, 드디어 하구에서 결정적으로 황소군을 쳐부쉈다. 여기서 그렇게도 기세 좋던 의거군도 멸망하고, 황소도 전사하고 말았다.

이극용은 그 공에 의해 농서의 군왕이 되었지만, 황소군의 의거로 인하여 세력이 약해진 당나라인지라 이극용과는 원수 사이인 주전충(朱全忠; 처음에는 황소군이었으나 황소군의 세력이 꺾이자, 귀순했음)과 조정의 실권을 두고 맹렬한 다툼을 하게 되었다. 이윽고 주전충이 권력을 잡고 스스로 제위에 앉아, 국호를 양(梁)이라 했다. 한편 독안룡 이극용은 실의 속에서 세상을 떠나고 말았다.

'독안룡'은 외눈으로서 용맹한 사람을 일컬었으며, 오늘에는 외눈으로서 높은 덕을 가진 사람까지를 일컫게 되었다.

모순 矛盾

때는 전국시대. 주의 위세는 땅에 떨어지고, 군웅이 여기저기서 일어나 서로 세력을 다투고 있었다. 곳곳에서 싸움이 되풀이되고, 토지와 성을 뺏기고 빼앗으며, 피비린내가 중국 천지를 뒤덮고 있었다. 이런 상황이라 병기의 소모가 심하고 좋은 무기일수록 불티나게 팔렸다.

그즈음 어떤 곳에 방패[盾]와 창[矛]을 파는 사람이 있었다. 전쟁은 마침 소강상태에 있었으므로 거리에는 사람들이 많았는데, 이 방패와 창을 파는 사나이는 두 가지 병기를 내놓고 청산유수처럼 설명하고 있었다.

"자, 보시오. 이 방패는 어디서나 파는 그런 것이 아니오. 명인의 손으로 만든 이 방패는 단단하기가 천하일품! 아무리 예리한 창으로도 찌를 수 없는 방패요. 자, 사시오. 적은 언제 쳐들어올지 모르는 일, 그때는 걱정해도 이미 늦습니다. 어떤 강적이라도 겁낼 것 없도록 이 방패를 사시오."

이렇게 신나게 떠들어댄 장사꾼은 이번에는 창을 들고 선전을 시작했다.

"여러분, 이 창을 보시오. 서릿발같이 날카로운 창 끄트머리, 천하에 이보다 좋은 창을 보신 일이 있습니까. 이 창 앞에는 그 어떤 방패도 소용이 없습니다. 단박에 뚫을 수 있는 창이니까요."

아까부터 듣고 있던 한 노인이 입을 뗐다.

"과연 당신이 파는 창과 방패는 훌륭한 것이야. 그렇지만 나는 나이가 많아서 그런지, 머리가 나빠 그런지 몰라도 당신이 그 어떤 창이라도 뚫지 못한다는 방패에, 그 어떤 방패라도 뚫을 수 있다는 창으로 한번 찔러보면 어떻게 될 것인지 그걸 알 수가 없구려. 거기 대해서 좀 더 설명해 보시오."

장사꾼은 잠시 입을 열지 못했다.

"여러분, 어떻소? 이 점이 제일 중요한 일이 아니오?"

노인은 구경하던 사람들을 돌아보며 말했다. 대답도 못 하고 쩔쩔매던 장사꾼은 어느새 짐을 걷어 어디론지 가 버리고 없었다. 구경꾼들의 웃는 소리가 장사꾼의 뒤를 쫓듯 일었다.

—〈한비자〉 '난일 난세편'

배수진 背水陣

유방이 제위에 오르기 2년 전의 일이다. 한군의 부대를 거느린 한신은 위를 격파한 기세를 몰아 조나라로 진격했다. 한신이 쳐들어온다는 것을 안 조왕 헐과 성안군 진여는 재빨리 20만의 군사를 정경의 좁은 길 출구에 집결시키고 견고한 성새를 쌓아 적을 기다리고 있었다.

미리 침투시킨 세작(細作; 첩자)으로부터 광무군 이좌거의 한군이 정경 좁은 길에 들어설 때 단번에 격멸하려는 계책이 쓰이지 않게 됨을 알게 된 한신은 정경의 좁은 길을 한달음에 진군하여 출구 심리 밖에서 기다려 한밤중에 다시 진군했다. 그리고 우선 2천의 경기병(輕騎兵)을 골라 붉은 기 하나씩을 갖게 했다.

"너희들은 기병대다. 이제부터 대장의 명령에 따라 조(趙)의 성새 가까운 산에 숨어라. 내일 전투에서 우리 군은 거짓 퇴각을 할 것이다. 그러면 조군(趙軍)은 전력을 다하여 추격해 올 것이 틀림없다. 그때 너희들은 조의 깃발을 걷어치우고 한의 붉은 기를 달아라."

그리고는 만 명이 넘는 병사들을 정경의 출구로부터 진군시켜 강물을 뒤에 두고 진을 쳤다. 그리고는 본대를 좁은 길 앞쪽으로 진군시켰다. 이렇게 하여 밤이 샜다. 조군은 강물을 등 뒤에 두고 진을 친 한신의 군대를 보고 크게 비웃었다.

그러나 이윽고 한신은 대장기를 선두로 하고는 본대를 이끌고 북소리도 우렁차게 용감히 쳐들어갔다. 조군도 성새를 열고 응전했다. 몇 차례 밀고 밀리고 하다가, 한신은 기와 북을 팽개치고 예정대로 후퇴하여 강가의 진지로 돌아갔다.

기세를 얻은 조군은 한신의 머리를 베리라 하고 전군을 총동원하여 뒤쫓고 있었다. 과연 조군의 성새는 텅 비다시피 되어 버렸다. 이때 숨어 있던 한의 기병대는 손쉽게 성에 들어가 성벽의 깃발을 바꿔 달았다. 그리고 강물을 뒤에 두고 진을 친 한신의 군은 퇴각하려야 할 수 없는 곳이라, 생사를 가리지 않고 싸웠다. 그 결과 보기 좋게 조의 대군을 물리쳤다.

조군이 되돌아와 보니, 성벽의 깃발이 모두 한의 붉은 기가 아닌가! 놀라 허둥대는 사이에 한군은 앞뒤에서 쳐들어와 승부는 간단히 정해지고 말았다.

싸움이 끝나고 축하 잔치 자리에서 장군들은 한신에게 물었다.

"병법에는 산을 뒤로 물을 앞으로 하여 싸우라 하였는데, 이번 싸움은 물을 등에 두어 승리를 거두었습니다. 이것은 무슨 병법입니까?"

"이것도 훌륭한 병법이오. 다만 여러분들은 미리 알지 못했을 뿐, 어느 병법서에 보면 나를 사지에 넣어 비로소 삶을 얻는다는 말이 있지 않소? 그걸 잠시 응용했을 따름이오. 그게 바로 이번의 배수진이었소. 우리 군대는 원정 또 원정으로 오로지 보강병에 의해서 짜여 있는 것이었소. 이런 군사를 생지(生地)에 두면 당장 흩어지기 쉬워 사지(死地)에 넣었던 것이오."

한신은 이렇게 대답했다.

〈위료자〉 '천관'에는 '물을 뒤로 두고 진을 치면 절지(絕地)를 이루고, 언덕을 향해 진을 치면 폐군(廢軍)을 이룬다'라고 했다.

—〈사기〉 '회음후열전', 〈십팔사략〉 '서한 한태조고황제'

백문불여일견 百聞不如一見

한나라 선제(宣帝) 때 서북방에 사는 티베트계 유목민이 반란을 일으켰다. 이에 앞서 강(羌)의 선령(先零)이라는 한 종족이 황수(湟水) 북쪽에서 유목하는 것을 허락받고 있었다. 그들은 풀을 따라 남쪽 물가에까지 이르렀는데, 정벌군으로 나온 한나라 장군이 갑자기 선령의 중요한 사람 천여 명을 죽였다. 선령은 크게 노하여 한군으로 쳐들어갔는데, 그 세력이 대단하여 한군은 크게 패해 쫓겨 갔다.

이때 선제는 어사대부 병길을 후장군 조충국(趙充國)에게로 보내 누구를 토벌군 대장으로 하는 것이 좋을까를 묻게 했다.

조충국은 그때 이미 나이 70을 넘은 사람이었다. 그는 젊을 때부터 흉노와의 전쟁에서 활약해 왔다. 무제 때 이사장군 이광리 밑에서 원정했다가 흉노의 군세가 강하여 전군이 포위당했었는데, 먹을 것도 없이 사상자가 많았다. 그때 충국은 백여 명의 군대를 거느리고 돌진하여 몸에 20여 군데나 상처를 입으면서도 기어이 포위망을 뚫어 전군을 구해 냈었다.

그때 무제는 그 상처를 보고 놀라며 그를 동기장군에 임명하였다. 그로부터 그의 대(對) 흉노, 대(對) 강의 생애가 시작된다. 그는 침착하고 용감하여 큰 계략을 가지고 있는 터라, 확실히 제의 물음을 받을 만한 인물이었다.

그는 선제의 물음에 이렇게 대답했다.

"이 노신보다 나은 사람은 없을 줄 아옵니다."

선제는 불러 다시 물었다.

"장군이 강을 친다고 하면 어떤 계략을 쓰겠으며, 얼마만큼 군대를 쓸 것인지 말해 보오."

조충국은 대답했다.

"백 번 듣는 것이 한 번 보는 것만 같지 못합니다. 대저 군사의 일은 실제로 보지 않고 먼 곳에서 계량하기 어려운 것이기에, 바라건대 금성군에 가서 도면을 놓고 방책을 세우게 해 주시면 좋겠습니다."

선제는 빙긋이 웃으며 그의 청을 들어주었다.

'백문이불여일견'이란 말은 여기 나온 것이 최초라 한다. 대개 민간의 속담이었을 것이요, 널리 쓰이는 말이다. 서양에서도 '열의 소문보다 하나의 증거'라는 말이 있다.

조충국은 금성에 가서 상세히 정세를 살핀 후에 이윽고 둔전(屯田)이 상책이라고 제에게 상주했다. 기병을 그만두고 보병 일만여 명만을 남겨 이들을 각지에 분산시켜, 평소에는 농사를 짓게 하는 것이다.

이 계책은 채용되어 조충국은 거의 1년 동안 그 땅에 머물러 있었으며, 드디어는 강의 반란을 진압하였다.

—〈한서〉'조충국전'

범의 굴에 들지 않고서는
범의 새끼를 잡지 못한다

〈한서〉를 지은 이는 후한 초기의 아버지 반표와 첫째아들 반고, 막내딸 반소였다. 이 반 씨 집안에 둘째인 반초(班超)는 이 집안에서 약간 색다른 존재였다. 그는 무척 용감하고 활발한 사람으로, 학문과는 인연이 먼 것 같으나 의외로 변설이 능하고 책도 많이 읽고 있었다.

본래 청빈으로 이름난 가문인데다, 방대한 자료수집에 가산을 기울여 버린 터라, 반초도 따분한 관청 직원으로 생계를 잇고 있었다.

그는 때로,

"사나이로 태어났으면 부개자(傅介子; 한나라 때 서역 진압에 공을 세운 사람), 장색(張塞; 한나라 무제 때 흉노의 세력을 쫓아내고 서역 여러 나라를 거느린 사람)과 같이 서역에서 공을 세우고 싶소. 그러니 언제까지나 이런 관청 사무만 보고 앉았겠소?"

하고 범속한 관리들의 간담을 놀라게 하는 소리를 하곤 했다.

이런 사람이 하찮은 관리 생활을 착실히 해 낼 턱이 없었다. 그는 면직이 되어 방랑 생활을 하게 되었고, 서역을 왕래하는 상인이나 기개를 숭상하는 떠도는 무인들과 사귀며 조용히 때가 오기를 기다렸다.

그의 지식과 재능이 인정되어 처음으로 서역에서 이름을 날리게 된 것은 40 가까운 나이에 이르러서였는데, 그때부터 반초의 서역에 대한 계획과 다스림만큼 빛나는 것은 없었다. 그가 가는 곳 그 어디에서나 어떤 곤란이 맞부딪쳐도 저절로 길이 열리는 듯했다. 예를 들면, 천산남로와 천산북로의 갈림길에 해당하는, 본토에서 가장 가까운 오아시스의 나라 선선에서 보여 준 긴급사태에 대한 태도 같은 것이 그것이다.

처음 선선에서 후한 대접을 받은 반초 일행은 어느 날 갑자기 변한 선선의 태도를 어떻게 해석해야 할지 몰랐다. 시중을 들던 아름다운 여자까지도 어느새 나이 먹은 시골 여자로 바뀌어 있었다. 일행은 아연하여 모두 불평만 하고 있었지만, 반초는 무릎을 치며,

"우리에게는 비밀로 하고 있지만, 아마도 흉노의 사자가 온 게 틀림없다."

라 하고, 곧 왕궁에 장사 한 사람을 보내어 왕의 신임이 두터운 시종 한 사람을 불러내어 '흉노의 사자는 어디 있느냐'고 묻고는 그를 안방에 가두어 놓았다. 그리고 서른여섯 명의 장사를 모조리 큰 방에 불러 모아 성대한 주연을 벌였다.

그 자리에서 반초는 흉노의 사자가 와서 왕이 그들과 친교를 맺고 있다는 사실을 말한 다음,

"…그래서 우리를 푸대접한 것이다. 우리가 잠자코 선선의 술수에 넘어가서 흉노의 나라로 끌려가 이리의 밥이 되어도 좋단 말인가? 의견이 있는 자는 누구든 주저치 말고 말해 보라."

라고 말했다.

일동의 무거운 침묵을 깨뜨리고 한 장사가 앞으로 다가앉으며 말했다.

"이왕에 목숨은 맡겨 놓은 것, 도움이 된다면 어떤 일이라도 하겠소."

반초는 이윽히 그를 바라보다가,

"범의 굴에 들지 않고서는 개호주(범의 새끼)를 잡지 못한다. 흉노의 숙사에 불을 지르고 야습하기로 하자. 우리 편은 단지 36명의 적은 수이지만, 그런 줄은 꿈에도 모르는 흉노족들에게는 큰 소동이 일어날 것이다."

이 말에 따라 목숨을 아끼지 않는 장사들은 어둠 속으로 사라져 갔다.

때마침 기세를 올린 바람을 타고 북을 가진 열 명의 장수들이 흉노의 숙사 뒤쪽에 숨고, 나머지는 모두 대문 양옆에 숨었다. 이윽고 불길이 일자, 동시에 북을 치고 고함을 지르며 몇 곱절 많은 적을 모조리 패망케 했다. 순순히 굴복한 것은 말할 것도 없다.

—〈후한서〉 '반초전'

사면초가 四面楚歌

초나라 패왕 항우는 한나라 왕 유방과 5년에 걸쳐 천하를 걸고 싸웠지만, 힘과 기(氣)에만 의지하여 범증과 같은 지혜로운 장수까지 무시하여 차츰 유방에게 밀리게 되었고, 드디어 천하를 둘로 나누어 강화했다. 그러나 장량, 진평 두 사람의 계략에 의해 동으로 돌아오던 중 해하에서 한신이 지휘하는 한군에게 포위당하고 말았다. 한(漢) 5년의 일이다.

항우는 싸움에 져서 군사들도 적었고, 식량도 바닥이 났다. 밤이 되자 사방에서 노랫소리가 들려왔다. 귀를 기울이니 그 노래는 모두 초나라의 노래였다. 장량의 계략이었다. 이 노랫소리를 들은 초군들은 그리운 고향 생각에 싸울 용기가 꺾이고 말았다. 이 노래는 한군에 항복한 초나라 구강(九江)의 병사들이 부른 것이었다.

항우는 사면에서 들리는 노랫소리에 놀라며 말했다.

"한은 벌써 초를 빼앗았는가? 어찌 저렇게 많은 초인이 있단 말인가?"

'사면초가', 고립하여 도와 줄 사람 없는 포위 속에 빠진 것이다. 이제는 살길이 없다고 생각한 항우는 일어나 장막 안에서 결별의 잔치를 벌였다. 항우에게는 추(雕)라는 애마와 우미인(虞美人)이라는 총희가 있었다. 그녀는 그림자처럼 항상 항우를 따라다닌 미녀였다. 항우는 우미인이 가여웠다. 그는 슬픔을 못 이겨 스스로 시를 지어 노래를 불렀다.

힘은 산을 뽑고 기(氣)는 온 세상을 덮어도,
때가 이롭지 못하니 추(騅)도 가지 못하네.
추가 가지 못하니 어이 하리.
우여, 우여, 너를 어이 하리.

되풀이해 읊기를 몇 번, 우미인도 이별의 슬픔을 이기지 못하여 흐느끼듯 노래 불렀다.

한군은 이미 땅을 노략질했네.
사면에 초가(楚歌) 소리.
대왕은 의기 다하였으니,
이 몸 어찌 살아남으리오.

귀신도 떨게 하던 항우의 얼굴에 몇 줄기 눈물이 흘러내렸다. 옆에 있던 사람들도 울며 얼굴을 들지 못했다. 비장한 기운이 가득 찬 방에서 우미인은 항우에게 매달렸다.
"구차하게 살아남아 무엇 하리까?"
하며 우미인은 항우의 칼을 빌어 고운 살을 찔러 자결하였다.
그날 밤, 단 8백여 기를 거느리고 적의 포위를 탈출한 항우는 다음날 한군에 돌입하여 스스로 목을 찔러 31세의 젊은 나이로 죽었다. 고향이 그리워 오강까지 가기는 했지만, 싸움에 나선 몸이 비굴하게 돌아옴을 부끄러이 여겨 자결을 각오했던 것이다.

이듬해 봄, 우미인의 피가 흘렀던 땅에 아름다운 꽃이 피어났다. 그 꽃은 살아 있을 때의 우미인의 모습을 보는 것처럼 아름다웠고, 우미인의 정결을 말하는 듯 붉었다. 그리고 영웅 항우의 운명을 슬퍼하는 우미인의 마음처럼 가엾게도 바람결에 흔들리고 있었다. 사람들은 이 꽃을 우미인의 넋이라 하여, 우미인초(虞美人草)라 불렀다. 당종(唐宗) 8대가(大家)의 한 사람인 북송의 증공(曾鞏)에게 '우미인초'라는 시가 있다. 그 시 속에,

삼군(三軍)은 흩어져 버리고, 기치(旗幟)는 쓰러져
옥장(玉帳)의 가인(佳人) 좌중(座中)에 늙네.
향혼(香魂) 밤중에, 칼날 빛을 따라 날아
푸른 피 화하여 들판의 풀이 되었네.
꽃다운 마음 쓸쓸히 찬 가지에 매달려
옛 곡조 들으며 근심하던 그 모습 같구나.
애원을 안고 헤매며 한마디 말도 없는
정녕 처음 초가(楚歌)를 듣던 그때 같아라.

—〈사기〉 '항우본기'

사족 蛇足

초나라 회왕 6년의 일이다. 초나라는 재상인 소양에게 군대를 주어 위나라를 치게 했다. 소양은 위를 격파하고 다시 군사를 이동시켜 제나라를 치려고 했다. 제의 민왕은 이를 두려워하여 마침 진나라의 사자로 와 있던 진진에게 어찌하면 좋겠는가 의논했다.

"걱정할 것 없습니다. 내가 가서 초에게 싸움을 그만두도록 하겠습니다."

그리고 진진은 곧 초군을 찾아가 진중에서 소양과 회견을 했다.

"초나라 국법에 관해서 물어보겠소. 적군을 쳐부수고 적장을 죽인 자에게는 어떤 상을 주게 되어 있소?"

"그런 사람에게는 상주국(上柱國; 벼슬 이름)의 벼슬을 주고 높은 작위의 구슬(玉)을 받게 되어 있소."

"상주국보다 높은 고관도 있소?"

"그건 영윤(令尹)이오."

"지금 그대는 이미 영윤이오. 즉, 초나라 최고의 관직에 있소. 그런 당신이 제를 친다 해도 별 득이 없지 않소? 한 가지 이야기를 들려 드리리다. 어떤 사람이 종들에게 큰 사발에 가득 술을 따라 주었더니 종들이 모두 이렇게 말했소. '여럿이 이 술을 마신다면 양에 차지 않을 것이니 땅바닥에 뱀을 그리기로 하여 제일 먼저 다 그린 사람이 혼자 마시기로 하는 것이 어떠냐?' '그게 좋겠다.' 하여 일제히 그림을 그리기 시작했소. 잠시 후 한 종이 '내가 제일 먼저 그렸다'하고는 술 사발을 들더니 '발까지도 그릴 수 있어!' 하며 뱀의 발을 그렸소. 이때 나중에 그림을 다 그린 종이 그 술잔을 빼앗아 마시며, '뱀에게 발이 어디 있느냐? 그건 뱀의 그림이라 할 수 없다'라고 했다는 것이오. 이미 그대는 초의 대신이오. 그리고 위를 쳐서 그 장군을 죽였소. 이 이상 공적은 없는 것이오. 최고의 벼슬 위에는 더 높은 벼슬이 없는데도 지금 군사를 움직여 제나라를 치려고 하시면, 더 높은 벼슬을 할 길이 없을 뿐 아니라 만약 패하는 날에는 그대의 몸은 죽음에 이르고 관직은 떨어져 나라 안에서도 비난의 소리를 들을 뿐이니, 그렇게 되면 뱀에다 발을 그리는 것과 다를 바 없는 일이오. 곧 싸움을 그만두고, 제나라에 은혜를 베푸는 것이 좋지 않겠지요? 그러는 것이 얻을 수 있는 것을 충분히 얻고 잃는 것이 없는 길이라 생각하오."

소양은 과연 그 말이 옳다고 생각하고 군사를 거두어 돌아갔다.

—〈사기〉 '초세가', 〈전국책〉

삼십육계 三十六計

'삼십육계 줄행랑이 제일'이란 말은 좋은 뜻으로도 해석이 되고, 또 나쁜 뜻으로도 해석되는 말이다. 자칫하면 비겁한 사람의 행동을 표현할 수도 있고, 또 이와는 달리 지혜로운 행동으로 해석될 수도 있다는 뜻이다.

위, 오, 촉한 삼국의 싸움이 끝이 나서 천하는 진에 의해 통일되었지만, 겨우 4십 년 만에 진은 내란과 흉노의 습격으로 망하고, 그 뒤에는 양쯔강 남쪽으로 옮아가서 북방의 황하 유역에는 많은 이민족이 쏟아져 들어왔다. 그리하여 난마(亂麻) 같아진 세력 분포도 차츰 남과 북 두 갈래로 크게 나뉘어 각각 저희끼리 집안싸움이 끊이지 않았다.

이 남북조 때의 일이다. 북방에서는 선비족이 세운 위나라가 세력을 펴고, 남조는 제나라 시대였다. 송의 최후의 황제였던 순제는 제왕 소도성과 왕경측 등의 압력으로 나라를 제에게 맡기고 죽임을 당했다. 그리고 왕경측은 반군을 이끌고 제나라 수도 건강을 향해 물밀듯 쳐들어가고 있었다. 그는 회계의 태수가 되어 있었는데, 지금의 황제와는 오랫동안 싸움을 계속하여 아들들도 살해당한 터였다. 이제는 결말을 내고 싶었다. 그러던 참에 그는 황제 쪽에서 퍼뜨린 소문을 들었다. 왕경측이 도망치려 한다는 것이었다.

왕경측이 내뱉듯이 말했다.

"단 장군의 계략은 여러 가지 있었다고 하지만, 도망치는 것이 제일 좋은 책이라 했다지. 그대들도 빨리빨리 도망치는 게 상책일 거야."

그 말에 붙여서 '이 말은 단도제가 위군을 피한 것을 흉보아서 한 말이다'라고 주석을 달아 놓은 책도 있다.

이윽고 왕경측은 제나라 군사에게 포위당하여 도망치지도 못하고 목을 잘렸지만, '삼십육계'의 말은 아직도 남아서 전해져 온다. 그러면 왕경측이 말한 단도제란 어떤 인물이었을까.

단도제는 송나라의 명장이었다. 송의 기초를 쌓은 무황제 때부터 군사를 맡아 북방의 대적인 위나라 군사와 자주 싸워 공을 세워왔었다. 그즈음 위의 기세는 점점 강해져서 연나라와 양나라도 그 기마병에게 쓰러졌다. 단도제는 이런 적과 버티기 위해 마음을 써왔던 것이다. 그는 군사를 쓰는 일에 노련했고, 그가 살아있는 동안은 송의 땅을 그다지 잃지 않고 지켜왔었다. 명장 단도제의 이름은 점점 높아져 갔는데, 그의 명성을 싫어하는 사람은 은근히 그를 쓰러뜨릴 기회를 노리고 있었다.

그러던 중 전왕(前王)의 장례식에 관련하여 참언이 왕의 귀에 들어갔다. 전국시대의 왕은 자기가 거느리고 있는 장군의 힘이 강대해지는 것을 가장 두려워한다. 참언은 그대로 믿어져서 드디어 단도제는 사형에 처하게 되었다. 황제 앞에 끌려 나오게 된 단도제는 두건을 벗어 마룻바닥에 탁 던지며 불꽃같이 붉어진 눈을 부릅뜨고 황제를 노려보며 말했다.

"황제여, 이 단도제를 죽이는 것은 그대의 손으로 만리장성을 무너뜨리는 것과 같소이다."

도제가 사형됐다는 소식을 들은 위군은 뛸 듯이 좋아했다. 과연 송의 원가 28년 겨울 위왕 불리는 백만 대군을 이끌고 꽁꽁 얼어붙은 강을 건너 송나라로 쳐들어갔다.

송군은 형편없이 쫓겨 달아났고, 위군은 그들을 쫓아 송나라 깊숙이 들어갔다. 마을은 모조리 약탈당하고 어른들은 닥치는 대로 죽임을 당했다. 위군은 창끝에 어린애를 찔러 들고 춤을 추었다고 한다. 가옥은 모두 불태웠으므로 봄이 되어 찾아온 제비도 나뭇가지에 집을 지었다.

그즈음 황제는 석두성에 있었는데, 성벽 위에서 멀리 북방을 바라보며 탄식했다.

"아, 단도제만 있었더라면 저 오랑캐들한테 이렇게 짓밟히지는 않았을 것을……."

'삼십육계 도망치는 게 상책'이라고 했다 해서 흥을 잡힌 단도제란 이런 인물이었다. 그는 송나라의 기둥이었고, 자신도 그렇게 생각한 모양이다. 강대한 위군과 싸워서 우선 퇴각하는 것이 상책일 때도 있었을 것이다. 자기의 병력을 완전하게 하는 것은 송을 위해 필요한 일이기도 했을 것이다. 도망친다는 것도 여러 가지 뜻이 있는 것이다. 도망치지 않아서 멸망하는 일도 많기 때문이다. 그러나 이 '삼십육계 도망'이 그 후로 비겁한 자의 대명사처럼 된 것을 보면, 역사는 진정 야릇한 것이기도 하다.

순치보거 脣齒輔車

; 입술과 이빨, 수레의 덧방나무와 바퀴같이 서로 없어서는 안 되는 관계

진(晉)의 헌공이라 하면 여희(驪姬)를 사랑한 나머지 태자 신생이 죽임을 당하고, 중이(重耳; 뒷날의 문공)는 망명하게 된 이야기로 유명하지만, 역사적으로 볼 때 뒷날의 패자인 진의 문공을 위해 그 기초를 마련해 준 사람이라고도 할 수 있다.

헌공은 제나라의 환공이 패업을 세우고 있을 때 조금씩 주위의 작은 나라를 병탄(倂呑)해 나갔다. 여기서 하려는 이야기는 헌공이 우(虞)와 괵을 쳐부수었을 때의 이야기다.

헌공은 일찍부터 괵을 치려 계획하고 있었는데, 그러기 위해서는 우를 통과하지 않으면 안 되었다. 전에는 좋은 말과 아름다운 옥을 우공에게 뇌물로 바치고 괵을 친 일이 있었다.

그리하여 이번에도 어떻게 해서든지 괵을 치지 않으면 안 되겠다 하고 다시 길을 빌려 달라는 뜻을 우에 전했다. 주혜왕 23년의 일이다. 우나라에서는 궁지기라는 신하가 있어 열성으로 우공에게 간했다.

"괵은 우와 한 몸이므로, 괵이 망하게 되면 우도 망하게 될 것입니다. 속담에도 보거(輔車; 수레의 덧방나무와 바퀴)는 서로 의지해야 하고, 순망치한(脣亡齒寒)이라 하여 입술이 없으면 이가 시리다고 했습니다. 우와 괵의 관계가 곧 이와 같습니다. 적국이라

할 진나라에게 우리나라를 통과시키는 일은 당치 않은 일입니다."

"아니요. 진은 우리와 동종국(함께 주에서 난 나라)이니 해를 끼칠 리가 없지 않소?"

우공이 이런 말을 하므로 궁지기는 다시 설명해 올렸다.

"가계를 말하자면 괵도 또한 동종입니다. 그런데 어찌 우만을 가까이하겠습니까? 게다가 진은 종조형제(從祖兄弟)에게 해당하는 환공과 장공의 일족을 죽이지 않았습니까? 설령 친하다 해도 믿을 수 없는 것입니다."

"그러나 나는 신을 섬기고 언제나 좋은 물건을 바쳐 노력해 오는 터이니, 신께서 나를 안전하게 보호해 주실 것이오."

"신은 개인을 사랑하는 것이 아니옵니다. 그 사람의 덕 있음을 보고 사랑하십니다. 덕이 없으면 백성이 안주할 수 없고, 신도 그 제사를 받지 않습니다. 신만 믿고 바라서는 안 되는 것입니다."

그러나 아무리 간해도 뇌물에 눈이 어두워진 우공은 듣지 않았다. 결국 우공은 진나라 사자에게 길을 빌려 줄 것을 허락했다. 궁지기는 재앙이 미칠 것을 두려워하여 일족을 이끌고 우나라를 떠났다. 나라를 떠날 때 그는,

"진은 괵을 정벌하고 나면 반드시 우를 칠 것이다."
라고 예언했다.

그해 겨울 12월에 진은 우를 거쳐 괵을 멸망시켰다. 그리고 돌아오는 길에 우나라에 머물다가 불의의 습격으로 우를 치고, 우공과 대부 정백을 사로잡았다. 그리고 이 두 사람을 진후(晉侯)의 딸이 진나라 목공에게 시집갈 때 따라가게 해 버렸다.

'순치보거'는 '보거상의(輔車相依)'라고도 하며, 어느 쪽이나 없

어서는 안 되는 밀접한 관계를 말하는 것이다.

—⟨좌전⟩ '희공 5년'

안서 雁書

; 기러기 편지

끝없이 높은 하늘, 그리고 그 아래에는 바다같이 넓은 호수, 그리고 호숫가에 우거진 대숲. 그 호숫가 통나무집에서 홀로 나타난 한 사나이가 있다. 손에는 활을 쥐고, 머리에서부터 털가죽을 뒤집어썼으며, 수염은 얼굴을 온통 덮어 버렸다. 그러나 그 사나이의 눈에는 맑은 불굴의 의지가 빛나고 있다. 머리 위로 울며 날아가는 새소리에 그는 얼굴을 들어 하늘을 쳐다보았다.

"기러기가 벌써 가는구나."

이 사람은 소무(蘇武)라는 사나이다. 소무는 한나라 중랑장이었다. 무제의 천한 원년, 그는 사신으로서 포로 교환을 의논하기 위해 북쪽 흉노의 나라에 갔다. 그러나 흉노에게 항복하느냐 아니면 죽느냐 하는 상황에 이르렀다.

항복하는 사람들 틈에서 소무만은 끝내 항복하지 않았다. 그는 산속 굴에 갇히는 몸이 되어 굶주림에 시달리게 되었다. 이때 그는 가죽 담요를 씹고 눈을 먹으며 굶주림을 견뎠다.

소무가 여러 날이 지나도 죽지 않음을 본 흉노는 그가 신이 아닌가 두려워하여 북해 바이칼호 근처 사람 없는 곳에 보내어 양치기 일을 시켰다. 주어진 양은 숫양뿐이었는데, 흉노는 이렇게 말하는 것이었다.

"숫양이 새끼를 낳으면 네 나라에 돌아가게 해 줄 테다."

그곳에 있는 것은 하늘과 숲과 물과 혹독한 추위, 그리고 굶주림이었다.

한 번은 도둑들이 와서 그가 먹이는 양을 훔쳐 갔다. 그는 들쥐를 잡아먹으며 배고픔을 견뎠다. 그러면서도 흉노에게 항복하려 하지는 않았다. 언젠가는 한나라로 돌아갈 수 있으려니 해서가 아니었다. 다만 항복하기 싫었을 뿐이다.

이 황량한 먼 땅에 귀양 와서 벌써 몇 해의 세월이 흘렀는지 헤아릴 길이 없었다. 괴롭고 단조로운 나날. 그러나 넓은 하늘을 날아가는 기러기는 소무에게 그의 고향을 생각하게 하는 것이었다.

무제가 죽고, 다음 소제의 시원 6년, 한의 사자가 흉노에게 왔다. 한의 사자는 전에 왔다가 소식이 없는 소무를 돌려 달라고 요구했다. 흉노는 소무는 이미 죽고 없다고 했다. 사자로서는 그 말의 진의를 조사할 길이 없었으나, 그날 밤 소무와 같이 왔다가 이곳에 머물러 있던 상혜라는 사람이 사자를 찾아와서 소무가 살아 있다는 것을 은근히 일러 주고 갔다.

다음 날 회견 때 한나라 사자는 흉노에게 이렇게 말했다.

"한의 천자가 상림원에서 사냥하시다가 한 마리 기러기를 쏘아 잡았는데, 그 기러기 발목에 베 조각이 감겨 있어 보았더니, 이런 글이 쓰여 있었다고 하오. '소무는 대택(大澤) 속에 있다'라고. 소무가 살아 있음은 그것으로도 능히 알 수 있지 않소?"

흉노의 추장은 얼굴에 놀란 빛을 띠며 신하와 속삭였다. 그러고는 말했다.

"전날 한 말은 잘못된 것이오. 소무는 살아 있소."

사자가 바이칼호를 향해 말을 달려 소무를 데려왔다. 머리와 수염이 모두 허옇게 되었고, 다 해진 털가죽으로 몸을 싼 모습은 목자와 다를 바 없었으나, 그의 손에는 한의 사자의 표적인 부절(符節)을 꼭 쥐고 있었다. 소무는 본국으로 돌아가게 되었다. 포로가 되어 북해 근방에서 굶주리고 추위에 떨며 어느덧 19년의 긴 세월을 보낸 끝이었다.

이 고사로, 편지나 방문을 기러기의 서찰이라고 하는 '안서'라고 하게 되었다. 또 '안례(雁禮)', '안신(雁信) 등도 쓰인다.

—〈한서〉 '소무전', 〈십팔사략〉

양약고구 良藥苦口

; 좋은 약은 입에 쓰다

시황제가 죽자 진나라는 흔들리기 시작했다. 진나라를 치려고 초나라의 항우와 경쟁해 온 유방은 다행히도 먼저 공을 세워 당당히 진나라 수도 함양에 입성했다. 유방은 진의 왕궁으로 들어갔다. 화려하게 늘어선 대궐의 집, 수없이 많은 개와 말, 산같이 쌓인 보물, 엄청나게 많은 아름다운 궁녀, 이런 것들에 마음이 쏠린 유방은 그냥 그 왕궁에 머물고 싶어 했다. 이러한 왕의 마음을 알아챈 강직한 번쾌가 왕에게 간했다.

"아직 천하가 통일된 것도 아닙니다. 이제부터가 더 중요합니다. 한시바삐 이곳을 떠나 적당한 자리에 진을 치시옵소서."

그러나 유방은 그 말을 듣지 않았다. 이때 현명하기로 이름난 장량이 말했다.

"대저 진이 무도한 학정을 하였기에 천하의 원한을 사서 그대와 같은, 말하자면 일개의 서민이 이렇게 왕궁에 들어올 수 있었던 것입니다. 이제 그대의 임무는 천하를 위하여 남은 적인 진을 멸망시키고 천하의 민심을 편케 함에 있습니다. 그러기 위해서는 상복을 입고 오늘까지 진 때문에 고통을 겪어 온 민중을 조위(弔慰)함이 옳은 것이어늘, 겨우 진에 들어온 이 마당에 보물과 미녀에게 눈이 쏠려 벌써 포학한 진왕의 음락을 따르신다면, 악한 왕의 대표라 할 하의 걸왕의 손발이 되어 더욱 포학한 것과 다를 바 없습니다. 본래 충언은 귀에 거슬리나 몸에는 좋은 것이며, 좋은 약은 입에는 쓰나 병에는 듣는 것이옵니다. 모쪼록 번쾌의 충언에 따르시옵소서."

이 간언을 듣고 유방은 홀연히 깨달아 왕궁을 떠나 패상에 진을 쳤다. 그리하여 유명한 홍문의 회견이 열리게 되는 것이다.

〈공자가어〉에는 '공자 가라사대, 양약은 입에 쓰나 병에는 이롭고, 충언은 귀에는 거슬리나 행(行)에는 이로우니라[良藥은 苦口나 利於病이요, 忠言은 逆耳나 利於行이라].'라고 되어 있다. '좋은 약은 입에 쓰다'라는 말은 이런 데서 나온 말일 것이다.

―〈사기〉'유후세가'

어부지리 漁父之利

전국시대의 연나라는 중국 북방에 위치하여 서쪽은 조나라에, 남쪽은 제나라에 접해 있었으므로 끊임없이 이 두 나라의 위협을 느끼고 있었다. 연의 소왕이라 하면 악의를 장군으로 하여 제나라를 공격한 이야기로 유명하지만, 조나라에 대해서도 경계를 게을리하지 않았다.

어느 날, 조나라가 연나라의 기근 등의 불행을 기회로 침략하려 했는데, 소왕으로서는 많은 병사들을 제나라에 보낸 때이기도 하고, 또 조나라와 싸우고 싶지도 않았다. 그래서 소대를 불러 조왕을 달래어 납득시켜 달라고 했다.

소대는 합종책으로 유명한 소진의 아우로, 형이 죽은 후 연소회(소왕의 아버지)와의 인연으로 소왕 때에도 제나라에 있으면서 여러모로 연을 위해 일한 사람이다. 그는 소진처럼 큰일은 못 했지만, 그의 아우답게 세 치의 혀로 갖은 책략을 다 썼다.

소왕의 부탁으로 조나라의 혜문왕을 찾아간 소대는 득의만만하게 말했다.

"저는 오늘 귀국에 올 때 역수(易水; 산서에서 하북으로 흘러 연과 조의 국경을 이루는 강)를 지나왔사온데, 얼핏 보니 방합(蚌蛤; 조개 이름)이 입을 벌리고 햇볕을 쪼이고 있었사옵니다. 거기 황새가 날아와서 그 조개 속을 먹으려고 주둥이를 넣었다가 이에 놀란 방합이 입을 꼭 다무는 바람에 황새는 주둥이를 물려 **빼내지를** 못하게 되었사옵니다. 이제 어떻게 되나 하고 걸음을 멈추고 보고 있었더니, 황새가 하는 말이 '이대로 오늘도 비가 오지 않고 내일도 비가 안 오면 너는 말라 죽을 거야' 합니다. 방합도 지지 않고 '내가 오늘도 놓아주지 않고, 내일도 놓아주지 않으면 너야말로 죽을걸' 하고 버텼습니다. 두 쪽이 모두 고집을 세우고 다툴 뿐 서로 화해하려 하지 않았습니다. 그러고 있는데 마침 어부가 왔으니 어떻게 되었겠습니까? 방합과 황새는 함께 어부에게 잡히고 말았사옵니다. 그때 문득 한 가지 생각이 떠오르는 게 있었습니다. 왕께서는 지금 연을 치려 하고 있사오나, 연이 방합이라면 조는 황새라 할 수 있습니다. 연과 조가 부질없이 다투어 백성들을 피폐하게 하면, 저 강대한 진이 어부가 되어 이(利)를 보게 될 것이 아니옵니까."

조의 혜문왕도 현명한 왕이었으니 소대의 말을 모를 리 없었다. 조나라와 접해 있는 진의 위력을 생각하면 연을 공격하는 것이 옳지 않음을 생각하고 침공을 중지했다.

여기서 '어부지리'라는 말이 생겼다. 그리고 '방휼지세(蚌鷸之勢)' 또한 두 편이 다투고 있을 때 제삼자에게 이익을 **빼앗기는** 것을 의미한다.

—〈전국책〉

연목구어 緣木求魚

주나라의 신정왕 3년, 맹자는 양나라를 떠나 제나라로 갔다. 이미 50을 넘은 나이였다. 동쪽에 있는 제나라는 서쪽의 진, 남쪽의 초와 더불어 전국 제후 가운데서도 대국이었다. 선왕(宣王)도 꽤 재주 있는 사람이었다. 맹자는 거기에 매력을 느끼고 있었다.

그러나 시대가 요구하는 것은 맹자가 말하는 왕도정치가 아니요, 부국강병이며, 외교상의 책모―원교근공책과 합종책(合縱策; 서쪽의 강대한 진에 대하여 한, 위, 조, 연, 제, 초 여섯 나라가 동맹하여 대항해야 한다는 공수 동맹에 의하려는 정책)―, 그리고 연형책 등이었다.

선왕은 맹자에게 춘추시대의 패자였던 제의 환공, 진의 문공의 패업에 대해서 듣고 싶다고 했다. 선왕은 중국의 통일이 가장 큰 관심사였던 것이다.

"대체 임금께서는 전쟁을 일으켜 신하의 생명을 위태롭게 하고, 이웃 나라 제후들과 원수를 맺는 것을 좋아하시나요?"
하고 맹자가 물었다.

"아니요. 좋아하지는 않으나, 그런데도 하려는 것은 내게 대망이 있기 때문이오."

"임금의 대망이란 것에 대해서 말씀해 보십시오."

인의에 의한 왕도정치를 말하는 맹자를 앞에 두고 선왕은 조금 난처해져 웃기만 할 뿐 좀체 말하려 하지 않았다.

이때 맹자가 말했다.

"전쟁의 목적은 의식(衣食)이오니까?"

"아니, 나의 욕망은 그런 것이 아니오."

선왕은 맹자의 교묘한 변론술에 걸려들고 말았다. 맹자는 세차게 논했다.

"그러시다면 이미 다 알 수 있습니다. 영토를 확장하여 진과 초의 대국이 허리 굽히게 하고 중국 전체를 지배하여 사방의 오랑캐들을 따르게 하려는 것이겠지요. 그러나 그러한 이때까지의 방법, 즉 일방적인 무력으로서 그것을 얻으려 하는 것은 '연목구어와 같은 것으로, 목적과 수단이 맞지 않는 것이라 불가능한 일이옵니다."

선왕은 이 말에 놀라고 의외로 생각했다.

"그렇게도 어려운 일일까?"

"어렵습니다. 그건 나무에 올라 고기를 얻으려 하는 것보다도 더 어려운 일이올시다. 어려울 뿐만 아니라 무력으로 대망을 이루려 하시면 심신을 다하여 결국은 백성을 괴롭히고 나라를 망치는 큰 재난까지 당하여 결코 좋은 결과를 얻지 못할 것이옵니다."

"재난을 당하는 까닭을 가르쳐 주시오."

선왕은 귀가 솔깃하여 다가앉았다. 이리하여 맹자는 교묘하게 대화의 주도권을 얻어 인의에 바탕을 둔 왕도 정치론을 당당히 설명해 갔던 것이다.

—〈맹자〉 '양혜왕편'

오월동주 吳越同舟

〈손자〉라는 중국의 유명한 병법서가 있다. 춘추시대 때 오나라의 손무(孫武)가 썼다고 전해 온다.

손무는 오왕의 합려의 신하로 초의 수도를 함락시키고 북방의 제와 진 등을 쳤다는 명장이다. 그러나 손무가 아니라는 사람도 있다. 전국시대 제나라의 손빈이라는 사람이 저자라는 것이다. 그는 앉은뱅이인 기구한 운명의 사나이로, 드디어 대장군이 되었다는 유명한 병법가이다. 저자가 누구였든 간에 〈손자〉가 대병법서임은 분명하다. 그 뜻이 명쾌하고 문장이 무섭게 압축된 점으로도 유명하다.

'적을 알고 나를 알면 백 번 싸워도 위태롭지 않다'라는 등 많은 명구처럼, 이 '오월동주'도 그중의 하나다.

'병(兵)을 쓰는 법에는 아홉의 지(地)가 있다……'

손자는 이렇게 말을 시작한다. 그 9지의 최후의 것을 '사지(死地)'라 한다. 곧 싸우면 살길이 있으나 느릿느릿하면 망해 버리는 필사(必死)의 지다. 그러면 어떻게 해야 하는가? 사지에 있을 때는 곧 싸우라고 손자는 단언했다. 진퇴 불능의 필사 장소다. 병졸은 마음을 하나로 하여 싸워서 활로를 연다는 것이다.

병사들을 사지에 두고 싸우는 일의 중요함을 여러 가지로 말한 다음에 손자는 이렇게 말한다.

"따라서 병을 잘 쓴다는 장군의 준비는 예컨대 솔연(率然)과 같다. 솔연이란 이국(異國) 상산(常山)에 있는 큰 뱀이다. 그 머리를 치면 꼬리가 달려든다. 꼬리를 치면 머리가 달려든다. 허리를 치면 머리와 꼬리가 함께 달려든다. 이처럼 힘을 하나로 함이 중요하다. 그러면 병을 솔연과 같이 머리와 꼬리가 서로 돕듯이 할 것인가? 그렇다. 그리고 그건 가능하다. 오와 월은 예로부터 적국이다. 두 나라 백성들까지 서로 미워하고 있다. 그러나 가령 오나라 사람과 월나라 사람이 같은 배를 타고 강을 건넌다고 하자. 만약 큰 바람이 일어 배가 뒤집힐 위험에 처하게 되면 오나라 사람이나 월나라 사람도 평소의 생각을 잊고 서로 도와 나갈 것이다. 바로 이것이다. 전차의 말을 꽉 붙들어 매고 차바퀴를 땅에 파묻는다. 이렇게 준비를 단단히 해서 적에게서 이쪽의 준비를 무너지지 않게 하려 하지만, 최후에 믿을 것은 그것이 아니다. 믿을 것은 필사적으로 한 덩이로 뭉쳐진 병사의 마음이다."

'오월동주'라는 말은 여기서 나온 것이다. 지금에 와서는 전투에 한하지 않고 사이가 나쁜 사람끼리 공동의 행동을 취할 때 쓰인다.

—〈손자병법〉 제12편 '구지'

오합지중 烏合之衆

전한 말기, 외척 왕망은 권세를 마음대로 하며 평제(平帝)를 죽인 다음 유자영을 세우고, 다시 자기는 '신황제(新皇帝)'라 일컫다가 기어이 나라를 빼앗아 국호를 '신'이라고 고친 것이 서기 9년의 일이다.

그러나 정치에 실패했기 때문에 각 처에서 반란이 일어나고 특히 '녹림'의 병(兵)과 '적미(赤眉)'의 적(賊)은 그중 가장 큰 것으로, 천하는 큰 혼란에 빠졌다. 이윽고 왕망이 죽었으나, 천하가 평온해진 것은 아니었다. 각 처에서 군웅이 할거하고 적미의 적도 아직 기세가 성했다. 이러한 와중에 유수(劉秀)는 대사마로서 군사 일로 눈코 뜰 새가 없었다. 그중에서도 한단에서 일어난 왕낭은 원래 역자(易子-점치는 사람)였는데, 자기야말로 성제(成帝)의 아들 유자여(劉子輿)라고 헛소문을 퍼뜨려 많은 군사를 모아 스스로 천자라 일컬으며 세력이 대단했다.

이에 유수는 다음 해인 24년에 군사를 거느리고 정벌에 나섰다. 그런데 하북성 상곡의 태수 경황은 전부터 유수의 인격을 사모하여 아들 경엄을 유수의 휘하로 보내려 하였다. 경엄은 그때 나이 21세로 영리하고 사려 깊은 데다 병법에 흥미가 있는 청년이라 흔쾌히 유수에게로 달려갔다.

길을 떠난 경엄은 도중에 왕낭이 한단에서 군사를 일으켜 천자라 자칭하고 있다는 소문을 들었는데, 부하인 손군과 위포가 갑자기 마음이 변하여 '유자여는 성제의 아들로 한나라의 정통 인물이다. 이런 분을 버리고 대체 어디로 간다는 말인가'라며 배반할 기미를 보였다. 이에 경엄은 크게 노하여 두 사람을 끌어내 칼을 빼들며 말했다.

"왕낭이란 본시 이름도 없는 도둑이다. 그런 자가 유자여라 일컫고 황자(皇子)의 이름을 거짓으로 쓰며 난을 일으킨 것이다. 내가 장안에 다녀와서 상곡, 어양의 군세를 몰아 왕낭의 군대 같은 오합의 무리[烏合之衆]를 짓밟게 하는 날이면 가히 마른 가지를 부러뜨리듯 왕낭을 포로로 할 수 있을 것이다. 너희들이 사리를 판단 못 하고 적의 패가 된다면 당장 패망하여 일족이 멸살할 것이다."

그러나 두 사람은 기어코 왕낭에게로 갔으므로 경엄은 굳이 붙들지 않고 유수에게로 달려갔다. 그리하여 여러 차례 무훈을 세우고 뒷날 건의대장군이 되었다.

'오합지중'이란 원래 까마귀가 모인 것 같은, 통제되지 않은 군중을 가리키는 말이다. 그리고 〈후한서〉에는 왕낭을 가리킨 말로 여러 곳에 보인다.

—〈후한서〉, 〈문선〉 '진기총론'

완벽 完璧

'완벽'의 '벽(璧)'은 고리 모양으로 갈아서 만든 최상품의 옥을 말하는 것으로, '완벽'이라 함은 티끌만치도 나무랄 데 없는 훌륭한 옥의 상태요, 또 훌륭한 물건을 그냥 그대로 본 자리에 되돌려 놓는다는 뜻이다.

전국시대 조나라 혜문왕은 세상에서 진기한 '화씨의 벽[和氏之璧]'이라는 값비싼 옥을 가지고 있었다. 이 옥은 원래 무현이 구한 것을 혜문왕이 탐을 내어 억지로 바치게 하여 손에 넣은 것으로, 조나라의 소문난 보물이 되었다.

조나라 서쪽에는 그즈음에 강해진 진나라가 있었다. 진나라의 소양왕은 조나라에 있는 진귀한 보물 '화씨의 벽'을 어떻게든 손에 넣고 싶어 못 견뎌 했다.

그래서 사자를 보내어 진나라 영토에 있는 15개의 성을 줄 테니 '화씨의 벽'과 바꾸지 않겠는지 물었다. 조나라로서는 곤란한 일이 아닐 수 없었다. 그 청을 듣지 않으면 그것을 구실삼아 싸움을 걸어올 우려가 있고, 또 청하는 대로 '벽'을 주었다가는 시치미를 잘 떼는 소양왕인 만큼 구슬만 받고 15성에 대해서는 모른 체 할지도 몰랐다. 이에 혜문왕은 중신들을 모아 의논하였는데, 그 자리에서 무현이 일어나,

"진의 요청은 실로 난처한 것이오나 제가 데리고 있는 식객 중에 인상여(藺相如)라는 지모(智謀)와 용기를 함께 갖춘 사람이 있사옵니다. 그 사람이라면 진에 사자로 보내어도 조금도 그들에게 지지 않을 것이옵니다."

라고 말했다.

곧 인상여를 불러들이니 과연 당당한 풍채에 믿음직한 사나이였다. 그는 조금도 겁내지 않고 진나라에 갈 것을 승낙하였다.

진나라에서는 조나라에서 사자가 온다는 말을 듣고 곧 만나기로 하였다. 소양왕은 인상여가 내놓은 옥을 받아서 들고 자못 만족스러운 듯이,

"음! 이것이 이름난 벽인가! 과연 훌륭한 것이로군!"

하며 가까이 있는 신하와 총희들에게 구경하게 하고는 이미 자기 물건이라는 듯한 얼굴이었다. 그러면서도 보물과 바꾸자고 한 15성에 관한 이야기는 한마디도 꺼내지를 않았다. 이렇게 될 것을 미리 짐작하고 있던 인상여는 눈썹 하나 까딱하지 않고 조용히 왕 앞에 나아가 말했다.

"그 벽에는 한 군데 희미한 티가 있사온데, 가르쳐 드리고자 하옵니다."

이 말을 들은 소양왕이 의심 없이 그 '화씨의 벽'을 인상여에게 건네주자 인상여는 벽을 쥔 채 슬금슬금 뒷걸음질하여 뒤쪽 기둥에 이르러 무섭게 성난 얼굴로 소양왕을 뚫어지게 노려보며 소리쳤다.

"왕이여, 우리 조나라는 귀국과의 정의를 중히 여겼기로 소신이 벽을 가지고 오게 하였습니다. 그러나 이제 왕께서는 벽만 가지시

고 약속한 15성을 주려는 기색은 전혀 없음을 알았소. 이제 벽은 이 사람의 수중에 되돌아왔소. 만약에 안 된다고 한다면 내 머리통과 함께 이 벽도 기둥에 던져 깨어 버릴 것이오."

거만하던 소양왕도 벽을 깨뜨려 버리겠다는 말에는 어쩌지 못하고 얼굴을 부드럽게 하여 15성과 바꿀 것을 다시 약속하였다. 그러나 인상여는 왕에게 그러한 약속을 이행할 성의가 없음을 눈치채고 엉뚱한 구실을 내세워 벽을 가지고 숙소로 돌아왔다. 그리고는 부하를 변장시켜 벽을 가지고 남모르게 조나라로 돌아가게 하였다.

소양왕으로서는 애당초 15성을 줄 생각은 털끝만큼도 없었으면서 보물을 거두어들이지 못한 것은 못내 아쉬웠다. 그러나 자기에게도 실수가 없는 것은 아니라고 생각했다. 또한 자기를 놀린 인상여가 괘씸하기도 했지만, 한편으로는 담력 있는 훌륭한 사나이라고 생각되어 분해 날뛰는 신하들을 달래 정중히 상여를 대접하고 무사히 조나라로 돌아가게 해 주었다.

이 인상여가 뒷날에 장군 염파와 함께 문경지교를 맺어 조나라의 주춧돌 같은 신하가 된 인물이다.

—〈사기〉 '인상여전'

원교근공 遠交近攻

위나라의 책사 범수는 다른 나라와 내통하고 있다는 참언으로 목숨을 잃을 뻔하였으나, 정안평의 덕택으로 은신하여 진나라의 사자 왕계를 따라 진나라의 수도 함양으로 갔다. 그러나 진왕은 그의 '진왕의 나라는 누란(累卵)보다도 위태롭다'라는 솔직한 말을 못마땅하게 여겨 한동안은 그의 득의의 변설을 휘두를 기회도 없었다.

소양왕 36년, 기다리고 기다리던 기회가 왔다. 당시 진나라에서는 소양왕의 어머니 선태후의 아우 양후가 재상의 지위를 점령하고 절대적인 세력을 가지고 있었다. 그는 자기의 세력을 이용하여 제나라를 침공하여 영토를 확장하려고 했다. 이를 알아챈 범수는 왕계를 통해 왕에게 문서를 올려 배알을 청했다.

"임금은 사랑하는 바를 상 주고 미워하는 바를 벌하옵니다. 그러나 밝은 임금은 이와는 달리 상은 반드시 공을 세운 자에게 주고 벌은 반드시 죄를 범한 자에게 내리는 것입니다."

이렇게 시작된 그 글은 다행히도 왕의 뜻에 맞아 추천한 왕계까지 칭찬을 듣게 되었다.

"한, 위의 두 나라를 지나 저 강력한 제나라를 치는 것은 좋은 계책이 못 됩니다. 적은 병력으로서는 제나라는 꿈쩍도 하지 않을 것이요, 그렇다고 해서 대병을 출동시켰다가는 진을 위해 좋지 않을 것이옵니다. 되도록 내 나라 병력을 아껴서 한, 위의 병력을 전면적으로 동원할 것을 임금께서는 바라고 있겠사오나, 동맹국을 사용할 수 없음을 알면서 남의 나라를 통과하여 침공하는 것이 어찌 옳은 일이겠습니까? 제의 민왕이 악의에게 패한 큰 원인은 멀리 떨어져 있는 초를 쳤기 때문에 동맹국의 부담이 무거워져서 돌아섰기 때문입니다. 그래서 천하 사람의 웃음거리가 된 것이옵니다. 이득을 본 것은 한과 위요, 이를테면 적군에게 군사를 빌려주고 도둑에게 식량을 준 셈입니다. 지금 임금께서 취해야 할 방법으로는 먼 나라와 교분을 맺고 가까운 나라를 치는 다시 말하면 '원교근공'의 책이 가장 좋을 줄 아옵니다. 한 치 한 자의 땅을 얻어도 곧 임금의 땅이 되지 않습니까. 이해득실이 이처럼 명백한데 먼 나라를 치는 것은 그릇된 일이 아니겠습니까?"

이로부터 범수는 진의 객경(客卿; 타국에서 와서 재상이 된 사람)이 되어 다시 위나라 응후에 봉해져 군사 관계의 일을 도맡아 보게 되었다. 그리하여 이로부터 '원교근공'의 책은 진의 국시가 되어 드디어 천하통일을 가져오는 지도원리의 소임을 하게 된 것이다.

—〈전국책〉 '진, 하, 소양왕'

일막도원 日幕道遠

; 해는 저물고 길은 멀다

오나라 왕 요(僚) 5년, 초나라에서 오자서(伍子胥)가 망명해 와서 오왕 요와 공자 광에게 인사를 드렸다. 오자서의 부친 오사는 초나라 평왕의 태자인 건의 태부였다. 평왕 2년, 비무기는 태자를 위해 진에서 데려온 여자를 평왕에게 바치고 왕에게 아첨하여 왕의 신임을 얻었으나, 태자의 보복을 두려워하여 항상 태자에 대해 왕에게 참언의 말을 했다.

왕은 진의 여자에게 홀려 비무기의 참언을 믿고 태자에게 초의 동북쪽 국경에 있는 성부의 수비를 맡게 했다. 비무기는 태자를 변경으로 내쫓긴 했으나 그래도 역시 안심이 되지 않아 드디어 왕에게 태자가 제후들과 공모하여 왕에게 반기를 들고 있다고 말했다.

왕은 그 말을 믿고 태부 오사를 불러 엄하게 꾸짖었으나 오사는 도리어 왕이 참언하는 간사한 적의 말을 믿고 골육인 태자를 멀리한다고 간했다. 이 일로 오사는 옥에 갇히게 되었고, 태자는 송나라로 피해 갔다.

비무기는 그리고도 오사의 두 아들, 오상과 오자서의 보복이 두려워 태자의 음모는 오사의 두 아들이 부추겨서 이루어진 것이라고 왕에게 참언했다.

왕은 오사의 두 아들을 잡기 위하여,

"오면 너희 아비를 용서할 것이요, 오지 않으면 네 아비를 죽일 것이다."

라고 했다.

이때 형 오상은 아버지와 함께 죽고자 붙잡히고 아우 오자서는 아버지의 원수를 갚기 위해 도망친 것이다. 평왕 7년 때의 일이다. 오상은 아버지와 함께 죽었고, 도망하여 송나라로 간 오자서는 태자 건과 함께 정나라를 거쳐 오나라에 온 것이다.

오나라 왕 요와 그의 아들 광에게 인사드린 오자서는 광이 은밀히 왕위를 뺏기 위해 자객을 구하고 있음을 알고 전제라는 자객을 찾아 이를 광에게 소개해 주고 자기는 들에 나가 밭을 갈며 광이 소망을 이룰 때를 기다렸다.

12년 초나라 평왕이 죽고 비무기가 평왕에게 바친 진나라 여자의 아들 진(軫; 소왕)이 즉위했다. 물론 비무기는 마음대로 날뛰었지만, 1년이 못 가서 내분이 일어나 비무기는 죽임을 당했다. 오자서는 그가 노리던 원수 둘을 함께 잃은 셈이다.

그러나 초나라에 쳐들어가서 아비와 형의 원수를 갚으려는 소원은 조금도 변하지 않았다. 비무기가 죽은 해에 오왕 요는 초나라의 내분을 틈타 한 번에 이를 쳐부수려고 대군을 초나라로 진격시켰다. 그 틈에 공자 광은 전제가 왕을 찌르게 하고 스스로 왕위에 올랐다. 오왕 합려가 곧 그 사람이다.

그로부터 오자서는 손무와 함께 합려를 도와서 가끔 초나라를 쳤고, 드디어 합려 9년에 초의 서울을 함락시켰다. 오자서는 아버지의 원수를 갚기 위해 소왕을 찾았으나 이미 도망쳐서 뜻을 이루지 못했다. 그는 평왕의 무덤을 파헤치고 시체에 매질하기를 3백 번, 겨우 복수의 불길을 눌러 앉혔다고 한다.

오자서가 초나라에 있을 때 친분이 있던 신포서라는 사람은 이때 산속에 숨어 있었는데, 오자서의 보복이 너무 심함을 꾸짖고 그 행위는 하늘의 이치에 어긋나는 것이라 했다. 이에 대해 오자서가 한 말이 바로 '해 저물고 길은 멀다'라는 것이다.

"나, 해 저물고 길은 멀다. 그러므로 도행역시(倒行逆施)할 따름이다."

즉, 자기는 나이 늙었으나 할 일은 너무나 많다. 그러므로 이치에 맞춰 행할 겨를이 없어 차례를 바꿔 하는 것이다. '해 저물고 길은 멀다'라는 말은 할 일은 많은데 일은 순조롭게 되지 않는다는 뜻이다.

—〈사기〉 '오자서전'

좌단 左袒

; 왼쪽 어깨 소매를 벗다

한나라의 고조 유방이 죽은 뒤에 황후였던 여태후가 천하의 권세를 가지고 여 씨 일족을 궁정 요직에 앉히고, 잇달아 왕후에 봉했으므로 드디어 여 씨가 유 씨를 능가하여 전성시대를 이루게 되었다. 이러한 상황을 유 씨 일족과 주발, 진평, 관영 등 고조의 유신들이 못마땅하게 생각하고 있었지만, 어떻게 할 방도가 없었다.

그런데 여태후가 병이 들어 7월에는 운신을 못 할 상태가 되었다. 그녀는 사경에서 일족의 장래를 걱정하여 조왕의 여녹과 여왕의 여산을 상장군으로 임명하고, 북군을 여녹에게, 남군을 여산에게 맡겼다. 그리고 두 사람을 머리맡에 불러 놓고,

"고조가 천하를 평정하셨을 때 그 중신들과 '유 씨가 아니면서 왕이 되거든 천하가 함께 이를 치라'고 맹약하셨소. 그러나 지금 그대들이 그러하듯이 여 씨는 제각기 황후가 되어 있소. 유 씨 일족과 고조의 유신들은 이것이 불만이오. 내가 죽으면 그들은 틀림없이 사변을 일으킬 것이나, 그대들은 반드시 병권을 장악하고 궁중을 지키는 일에 전념하시오. 그러기 위해서는 내 장례식에 나오지 않아도 좋소."

라고 엄중히 타이르고 태후는 죽었다.

태후가 죽자 그때까지 주색에 빠져 있었던 우승상 진평은 곧 본래의 자세로 돌아와 태위 주발과 더불어 여 씨 타도의 책략을 세웠다. 마침 곡주후 역상의 아들 역기가 여녹과 친한 것을 알고 두 사람은 역기가 여녹을 설복시키게 했다.

　"지금 여태후가 돌아가셨는데도 황제는 아직 어립니다. 지금은 여러 왕이 각기 자기의 영토를 잘 통치하여 황실의 방어자의 책임을 다하는 것이 급선무입니다. 물론 현명하신 당신께서는 조나라로 돌아가야 한다고 생각하겠지만, 북군의 상장군의 임무도 아울러 생각하게 되어 주저하고 있을 줄 압니다. 황제는 태위 주발에게 북군을 맡기고, 당신께서 조나라로 가는 것을 희망하고 있습니다. 그러니 안심하고 귀국하는 것이 어떻겠습니까?"

　여녹은 이 말을 듣고 상장군의 인수(印綬)를 도로 바치고 북군을 주발에게 넘겨주었다.

　주발은 북군의 병사들을 모아 놓고 말했다.

　"한실은 원래 유 씨를 종(宗)으로 하고 있다. 그런데도 뻔뻔스럽게도 여 씨는 유 씨를 눌러 실권을 장악하였다. 이는 한실의 불행이요, 또 천하의 통한사(痛恨事)이다. 이제 상장군은 유 씨에게 충성을 바쳐 천하를 정상으로 돌이키려 한다. 장병 제군! 여 씨를 섬기려는 자는 우단(右祖; 오른쪽 어깨를 벗음)하라. 그리고 상장군과 함께 유 씨를 섬기려는 자는 좌단(左祖; 왼쪽 어깨를 벗음)하라."

　이 말을 듣고 전군 모두가 좌단하여 유 씨를 위해 싸울 것을 맹세했다. 한편, 여산도 주허후 장에게 죽고, 천하는 다시금 유 씨의 세상이 된 것이다. 이 고사에서 '좌단'은 한편이 되는 것, 동의하는 것을 뜻하게 되었다.

―〈사기〉 '여후본기'

준조절충 樽俎折衝

; 공식 연회 자리에서 적의 창끝을 꺾어 막는다

　춘추시대, 제나라 장공이 가신 최저에게 죽임을 당한 일이 있었다. 장공이 무도하여 최저의 아내를 간통했으므로 의를 바로잡기 위해 죽였다는 것이다. 사실 여부는 잘 모르지만, 장공이 죽은 것만은 사실이었다. 그래서 그의 아우가 뒤를 이어 경공이 되었다. 그러나 그때에는 이미 최저와 그의 동료인 경봉을 좌상으로 하여 이 두 사람에게 반대하는 자는 죽이리라 맹세하게 되었다. 여러 신하도 그 세력에 끌려 차례로 그런 맹세를 했다.

　그런데 꼭 한 사람 맹세하지 않은 사람이 있으니, 안영이었다. 영공과 장공 2대에 걸쳐 섬겨왔고, 인망도 있었다. 그는 하늘을 우러러 이렇게 탄식하기만 했다.

　"임금에게 충성되고 나라에 이로운 것이라면 따르겠소만⋯⋯."

　경봉은 괘씸히 여겨 그를 죽이려 했으나 최저가 이를 말렸다. 제나라의 내분은 여전히 계속되고 있었다. 그러다 먼저 최저가 살해되고 오래잖아 경봉은 오나라로 피해 달아났다. 이때 안영은 제나라의 재상이 되어 나라 정치를 맡아 하게 되었다. 이 사람이 춘추시대에 이름 높은 재상 안상국(晏相國)이다.

　춘추 때에는 큰 나라만 해도 열둘이나 되었다. 작은 나라를 세려면 백도 넘는다. 안영은 국내에서는 복잡한 파벌 싸움을 진압하고, 외교정책은 이렇듯 소란한 정세 속에서 제의 지위를 튼튼히 하려고 노력했던 것이다. 그의 사람됨은 온건하고 검소했다. 여우 털가죽으로 만든 옷 하나를 30년이나 입고 지냈다고도 한다.

경공이 그에게 넓은 땅을 주려고 했을 때 그는,

"욕심을 충족시키면 망하는 날이 가까워지는 것이옵니다."

하고 사양했다.

안영은 자주 다른 나라에 가서 회담하는 일이 있었다. 또 제후의 사자가 오면 이를 잘 맞이하여 빈틈없는 외교의 수완을 보였다. 그가 경공을 따라 강대한 진나라에 갔을 때의 일이다. 여흥으로 투호를 하게 되었다. 투호란 화살을 던져 항아리에 넣는 놀이다. 진의 가신이 나와서,

"만일 우리 임금께서 항아리에 화살을 넣으실 수 있으면 이는 제후의 스승이 될 표시요."

하고 말했다.

진의 평공은 화살을 던져 맞혔다. 와, 하고 갈채를 보내는 신하들 앞에 안영이 나와서,

"만일 우리 임금께서 맞힐 수 있다면 제나라는 진나라 대신 흥하게 될 것이오."

라고 말했다.

경공은 화살을 던져 맞추었다. 진의 평공은 크게 노했고, 가신들도 벌떡 일어섰다. 그러나 안영은,

"투호는 오락이요, 찬사는 농담이지 맹세는 아니오."

하고 경공과 함께 조용히 자리를 떴다.

이것은 안영의 외교를 칭찬하기 위해 만든 이야기인지도 모른

다. 안영이 외교에 힘을 쏟은 것은 훨씬 더 복잡하고 대규모적인 힘의 관계를 조정하는 데 있었을 것이다. 그러나 아무튼 안영은 제나라의 키를 굳게 잡고 얽히고설킨 난마 같은 길을 서서히 전진해갔던 것이다. 〈안자춘추〉에는 이렇게 쓰여 있다.

"준조(樽俎)의 방에서 나가지 않고서도 천리 밖 일을 절충한다고 함은 곧 안자를 이름이니라."

술 담은 통과 고기를 괴어 놓은 도마가 있는 연회 자리에서 웃으며 이야기하는 가운데 적의 공격을 피하며 유리하게 결정을 지어 버리는 일, 말하자면 천 리 밖에서 적의 공격을 분쇄해 버린다고 함은 바로 안자를 일컬음이라…….

술자리에서 평화로운 외교 교섭을 하여 유리하게 일을 처리하는 것을 '준조절충'이라 함은 여기서 나온 말이다. 좀 더 변하여 담판이나 국제적 회견 등을 나타내게도 되었다.

천고마비 天高馬肥

옛날 중국은 흉노족이라는 북방 민족에게 변경을 침략당했고, 때로는 본토까지 침범당하였으므로 역대의 왕조는 이를 방어하기에 고심해왔다. 이 흉노는 몽골족, 혹은 터키족이라 하며, 은의 초엽(BC1700년) 무렵에 일어나 진의 초엽(350년)에 망한 것으로 추측된다. 아무튼 이들은 주에서 진, 한 6조와 약 2천 년에 걸쳐 중국의 골칫거리가 된 사나운 민족이었다.

진의 시황제는 이들을 멀리 쫓고 침입을 막기 위하여 만리장성을 쌓았고, 한나라는 미인을 그들의 수령에게 주어 회유하기도 했다. 흉노는 말타기와 말에서 활쏘기에 능했고, 항상 무리를 지어 바람같이 쳐들어와서 화살을 비처럼 쏟아 사람과 말을 살상하고 재물을 약탈한 다음엔 다시 바람같이 달아나는 것이 예사였다.

그들이 사는 곳은 중국 본토의 북쪽에 있는 넓디넓은 초원이다. 방목과 수렵이 그들의 일이었다. 끝없이 넓은 초원에서는 교통기관이라고는 오직 말뿐이다. 여자나 어린아이나 말을 자기 발처럼 알고 타고 다닌다. 봄에서 여름에 걸쳐 풀밭에서 배부르게 풀을 뜯어 먹은 말은 가을이 되면 통통히 살이 찐다. 이윽고 풀이 마르고 초원에 혹독한 추위의 겨울이 온다. 벌써 10월만 되어도 대낮에 영도를 넘는 추위, 이미 방목은 불가능한 때다.

흉노족들은 먹이를 찾아 헤매는 이리와 여우들을 쫓아 바람 찬 초원을 돌아다닌다. 영하 몇십 도의 혹한과 무서운 눈과 바람에 몇 달을 참고 견뎌야 하는 것이다. 살쪘던 말들도 이 겨울에는 제 몸을 먹으며 견디어 내야 한다. 그래서 봄이 올 무렵에는 말도 바짝 말라 있다. 봄, 여름 동안의 축적이 없이 말은 굶주림과 추위에 견뎌 내지 못한다.

겨울 먹이를 구해 흉노족은 찬바람을 타고 따스한 남쪽 중국 본토로 습격해 갔다. 살찐 말을 타고 잘 갖추어진 활과 살을 가지고 흉노는 달려왔다가는 달려간다. 그래서 가을이 되면 북방에 사는 중국 사람들은 항상 두려움에 떨었다.

〈한서〉 '흉노전'에 '가을이 되니 말은 살찌고 힘이 세지니 흉노가 새(塞)에 든다'라고 했다. 두보의 조부인 두심언은 흉노를 막으러 변경으로 가는 친구 소미도에게 한 편의 시를 보냈다.

구름 맑은데 요성(妖星)은 떨어져 가을은 깊고
새마(塞馬)는 살졌다.

여기서 말한 새마란 한군(漢軍)의 군마를 일컫는 것이다.
일반적으로 '천고마비'란 말은 가을이 되어 입맛이 나서 살찐다는 의미로 쓰이고 있지만, 원래 뜻은 앞에서 말한 것과 같다.

천리안 千里眼

북위에 양일(楊逸)이라는 청년이 광주의 장관으로 부임해 왔다. 명문 양가 출신으로 아직 29세의 젊은 나이였다. 그는 젊은이다운 순직한 정신으로 고을의 정치에 마음을 기울였다. 고을 사람들은,

"양 장관은 낮에는 먹는 것도 잊고, 밤에는 잠자는 것도 잊으며 일해 주신다."

고 칭찬하고 있었다.

병사가 먼 길을 떠날 때면 양일은 비나 눈 속에서도 배웅하기를 잊지 않았다. 법은 어김없이 지키면서 인정으로써 다스렸다. 한 번은 전쟁에다 기근이 덮쳐왔다. 굶어 죽는 사람이 각처에서 쏟아져 나왔다. 이때 양일은 식량을 보관해 둔 창고를 열어 굶는 사람들에게 나눠 주려고 했다. 부하 관리가 상부의 뜻을 걱정하자 양일은 이렇게 말했다.

"나라의 근본이 되는 것은 사람이다. 그 사람의 목숨을 잇게 하는 것이 양식이다. 백성들을 굶게 해서야 되겠는가. 광을 열라. 이것이 죄라고 한다면 내가 달게 받겠다."

이리하여 양곡을 노인과 병자들에게는 밥을 지어 나눠 주었다. 이 양일은 천리안을 가지고 있다는 사람이었다.

양일이 처음 부임해 왔을 때부터 광주의 시골 사람들이 이상하

게 생각하는 일이 있었다. 전에는 상부의 관리나 군인이 오면 반드시 잔치가 있게 마련이었고, 뇌물도 요구받았다. 그런데 양일이 부임하고는 그런 일이 전연 없었다. 그뿐이 아니었다. 관리들은 도시락을 가지고 나왔다. 남모르게 슬그머니 음식을 대접해도 응하지 않았다. 왜 그러느냐고 까닭을 물어보면 그들은 이렇게 대답했다.

"양 장관이 천리안을 가지고 있어서 천리 밖도 환히 보니 어찌 속일 수 있겠는가?"

양일은 서민이야말로 가장 소중하다고 생각하고 있었다. 그리고 관(官)이라고 으스대고 호걸처럼 덤비는 일은 어떻게 해서라도 못하게 해야겠다고 생각했다. 그는 고을 안에 널리 사람을 풀어놓고 관리와 군인들의 행동을 조사 보고하게 했다. 그러니 그들이 떨지 않을 수 없었다. 이것이 '천리안'이란 말의 출처이다. 그리고 밀정에게 조사케 한다는 뜻은 이미 들어 있지 않게 되었다.

양일은 군벌의 다툼에 휩쓸려 광주에서 죽임을 당했는데, 그때 나이 32세. 그의 밑에 있던 관리보다 더 백성들이 그의 죽음을 가슴 아프게 슬퍼했다. 거리와 마을에서는 그를 위해 제사를 드리고 무덤에는 오랫동안 공물이 끊이지 않았다고 한다.

—〈위서〉 '양일전'

철면피 | 鐵面皮

왕광원(王光遠)이라는 사람은 학문과 재능이 있어 진사 급제까지 했다. 그러나 그는 출세욕이 대단하여 권세 있는 사람들이나 찾아다니며 아첨했다.

남이 보든 안 보든 허리를 굽혀 사람들의 눈살을 찌푸리게 하였다.

한 번은 술에 취한 상대가 채찍을 들고,

"자네를 때리겠는데 그래도 좋은가?"

하니,

"공의 채찍이라면 달게 받겠소이다."

하며 등을 내밀었다.

주정꾼은 정말로 왕광원을 때렸으나 성내지 않고 여전히 굽실거렸다. 같이 있던 친구가,

"자네는 수치를 모르는가? 여러 사람이 있는 데서 그런 봉변을 당하고도 가만히 있으니 그게 무슨 꼴인가?"

하고 말했으나 왕광원은 예사롭게,

"하지만 그 사람에게 환심을 사 두어야 할 것이 아닌가?"

하고 당연한 일인 듯이 대답했다.

사람들은 왕광원을 가리켜 '왕광원의 얼굴 두껍기가 열 겹 철갑

과 같다'라고 하니 철면피란 말은 여기에서 나온 말이다.

—〈북몽쇄언〉

축록 逐鹿

; 사슴을 쫓다

한나라 고조 11년, 조나라의 재상이었던 진희가 대현에서 반란을 일으켰다. 고조가 몸소 이를 토벌하러 나간 사이에 일찍이 진희와 짜고 있던 한신이 서울에서 군사를 일으키려 했다. 그러나 일은 사전에 탄로가 나서 한신은 도리어 여후와 소하 손에 장악궁에서 목숨을 잃었다.

이윽고 고조는 진희를 쳐부수고 돌아왔으나 한신의 죽음을 듣고는 감개무량했다. 자기에게 미칠 화가 없어진 것은 다행으로 생각되었지만, 그와 동시에 지난날에 이룩한 한신의 공적을 잊을 수가 없었던 것이다. 고조는 여후에게 물었다.

"한신은 죽을 때 무슨 말을 하던고?"

"괴통의 계책을 듣지 않은 것이 원통하다고 누차 말했습니다."

괴통은 제나라의 변설가로서, 고조가 아직 항우와 천하를 다투고 있을 때 제왕이었던 한신에게 독립을 권한 사나이다.

"그렇겠다. 그 괴통을 잡아들이라."

얼마 후 괴통은 제나라에서 붙들려 고조 앞에 끌려 나왔다.

"너는 회음후 한신에게 반란을 일으키라고 권한 일이 있었지?"

"예, 확실히 그러했습니다. 그러나 그 못난이는 저의 책략을 쓰지 않았습니다. 그래서 그런 최후를 마치게 된 것이옵니다. 만일 그때 제가 시키는 대로 했더라면 폐하라 할지라도 쉽게 그를 치지 못했을 것이옵니다.”

괴통은 거침없이 대답했다. 고조는 크게 화가 났다.

“이놈을 끓는 물에 넣어 삶으라.”

무서운 형벌의 명령이 내려졌다.

“아니, 그건 당치 않은 말씀입니다. 이런 걸 원죄(怨罪)라 하옵니다. 저는 조금도 죄를 지은 일이 없습니다.”

“무슨 소리! 너는 한신에게 모반을 권하지 않았느냐. 이보다 큰 죄가 또 있을까?”

“아니올시다. 제 말을 들으십시오. 진의 기강이 허물어져 천하가 난마와 같아지고 영웅호걸이 각처에서 일어났습니다. 말하자면 진이 그 사슴[鹿] 잃어버렸기로, 천하는 모두가 그 사슴을 쫓는 [逐] 것입니다. 그 가운데서 폐하는 가장 위대하셨기에 그 사슴을 쏘아 잡으신 것이 아닙니까. 바로 그것입니다. 악당 도척의 개가 요나라에 대고 짖었다 해서 그것이 반드시 요가 나빴기 때문은 아닙니다. 개란 것은 주인 이외의 사람에게는 짖는 것이니까요. 그 당시 저는 오직 한신만을 알고 폐하를 미처 알지 못했습니다. 그랬기에 한신 편에 서서 폐하에게 짖어댔던 것입니다. 천하가 어지러워지면 이를 통일하여 제위에 앉으려는 호걸은 얼마든지 있습니다. 즉, 폐하께서 하신 것과 같은 일을 해 보려는 사람은 적지 않지만, 힘이 모자라 성공하지 못했을 뿐입니다. 그런 일을 해내신 오늘, 전날 천하를 원했다 해서 모조리 가마에 넣어 삶아야 하겠습니까? 도저히 그러시지는 못하실 것입니다. 저에게는 죄가 없는 것입니다.”

고조는 결국 괴통을 용서해 주었다.

'사슴을 쫓는다'라는 말의 본문은 '진이 사람을 잃으매 천하가 모두 이를 쫓다'로 되어 있다. 즉 제위를 사슴에 비유한 것이다. '축록'이란 말은 큰 이익에 뜻을 둔다는 뜻으로 쓰인다. 〈회남자〉에 보면,

"사슴을 쫓는 자는 토끼를 보지 않으며, 천금(千金)의 화(貨)를 결(決)하는 자는 수량(銖兩)의 값을 다투지 않는다."

고 했다.

—〈사기〉 '회음후열전'

파죽지세 破竹之勢

대를 쪼개는 소리는 특이한 쾌감을 일으킨다. 그것은 그 소리와 함께 한 마디 두 마디 거침없이 갈라지는 품이 명쾌하기 그지없어 대를 쪼개는 듯한 기성(氣性)에 대해 흔히 파죽지세란 말이 쓰인다.

진나라 무제의 감녕 5년에 진나라의 대군은 남으로 진격하여 오나라에 닿아가고 있었다. 진남대장군 두여는 중앙군을 이끌고 양양에서 강릉으로 쳐들어가고, 왕준의 수군이 양자강을 쳐내려왔으며, 또 왕혼의 군사는 동쪽으로 쳐들어가고 있었다.

그즈음 삼국 중에 촉한은 이미 멸망하여 천하는 위의 뒤를 이은 진과 남방의 오가 대립하고 있었다. 진은 오와 그 최후의 결전을 벌이게 된 것이었다. 이듬해 태강 원년 2월, 두여는 왕준의 군사와 힘을 합쳐 무창을 뺏고 여기서 여러 장수를 모아 작전을 의논했다. 한 장수가 말했다.

"지금은 봄도 이미 반이 넘었습니다. 강물이 불어오는 것은 벌써 눈앞에 닥친 일이므로 이 무창 땅에 오래 머물러 있기는 불가능한 일이겠습니다. 우선 군사를 이끌고 돌아갔다가 오는 겨울에 다시 쳐들어오는 것이 좋은 줄 압니다."

이때 두여가 명백히 대답했다.

"아니다. 그렇지 않다. 지금 우리 군사의 세력은 말하자면 대를 쪼갤 때와 같다. 두 마디 세 마디를 쪼개 나가면 칼날이 감에 따라 저절로 쪼개져서 힘들이지 않아도 되는 것과 같다. 이런 기회를 놓쳐서는 안 된다."

이렇게 말한 그는 곧 공격의 준비를 갖추었다.

이윽고 3월이 되자 두여의 군사는 한달음에 오의 서울 건업에 쇄도하여 기어이 이를 함락시켰다. 오나라 왕 손호는 두 팔을 뒤로 묶어 얼굴만 내놓은 채 수레에 관을 실어 사죄의 뜻을 보이며 항복했다. 진의 통일은 이렇게 해서 이룩되었다. 바야흐로 파죽의 기세였다고 할 만했다.

두여는 그 공으로 당양후에 봉해졌지만, 조정이 측근의 신하들로 채워져 있었기 때문에 오히려 불우했다. 그는 그 뒤에도 강릉에 있으면서 수로를 복구, 농토 관개의 편리를 도모하는 등 지방개발에 힘썼다. 그는 넓은 지식을 가지고 새로운 기구를 발명하기도 했고, 또 상평창을 두어 흉년에 대비하여 곡가의 안정을 도모하는 등 정치에 대한 눈이 밝았다.

그러나 무엇보다도 그는 놀랄 만큼 박학했다. 원정할 때도 책을 항상 가까이했다고 한다. 〈춘추좌전집해〉를 저술하여 후세에 남을 주석을 붙인 것도 바로 두여였다.

―〈진서〉'두여전'

합종연형 合縱連衡

소진(蘇秦)과 장의(張儀)는 함께 전국시대 중엽의 중국 전토를 세 치의 혀와 두 다리로써 휩쓴 책사요, 또 대단한 사기꾼이다. 세 치의 혀란 뛰어난 말솜씨, 두 다리라는 것은 돌아다닌 나라가 그 당시의 소위 일곱 나라—연, 제, 조, 한, 위, 초, 진—에 달했기 때문이다. 이 두 사람은 귀곡(鬼谷) 선생(온갖 지식을 두루 가지고 점도 잘 치며 〈귀곡자〉라는 저서를 남기고 있는 수수께끼의 인물)을 스승으로 한 동문이었다.

귀곡 선생이 살고 있는 곳은 낙양에서 150리쯤 동남으로 떨어진 귀곡이라는 산속이었다. 소진은 여기서 오랫동안 수업을 쌓고 산을 나왔다. 여기서 무엇을 배우고 나와서 어디로 갔으며 무슨 일을 했는지 후세 사람들은 알 길이 없지만, 아무튼 소진은 여러 곳을 방랑한 다음 어느 날 홀연 낙양에 있는 자기 집으로 돌아왔다.

거지꼴을 한 그가 문간에 와 섰을 때 그의 아내는 짜고 있던 베틀에서 내려오지 않았고, 형수는 밥상도 차려 주지 않았다. 그리고 팔리지도 않는 요설(饒舌)만 하고 돌아다니니까 고생하는 것이라 하여 상대도 해 주지 않았다.

그러나 집에 머물러 있기를 1년, 소진은 다시 집을 나와 주나라

임금을 찾아갔지만, 거기서도 상대해 주지를 않았다. 다음으로 진나라에 갔으나 역시 마찬가지였다. 조나라에서도 역시 그러했다.

그는 멀리 제일 북쪽 끝인 연나라로 가서 변설을 휘둘렀다. 거기서 비로소 그의 변설이 효과를 나타내어 거마(車馬)와 금백(金帛; 금과 비단)의 선물을 받았다. 소진이 연왕에게 진언한 정책을 '합종(合縱)'이라 한다. 세로(縱)로 맞춘다는 뜻으로, 연나라와 조, 제, 위, 한, 초가 세로, 즉 남북으로 손잡고 강국인 진에 대항하자는 것이다.

이들 여섯 나라는 그 당시 급격히 강대해지는 진나라를 극도로 두려워하였다. 소진은 그러한 심리를 이용하여, 만일 이참에 여섯 나라가 손을 잡지 않고 서로 고립해 있으면 각기 모두 진에게 멸망당하고 말 것이니, 꼭 합종하여 공동 방어하지 않으면 안 된다고 했다. 그러고는 그 일의 조직을 자기가 맡아 하겠노라고 말하고 나선 것이다.

연왕으로부터 합종의 성취를 부탁받자, 다음엔 조나라로 가서 이번엔 더 큰 성공을 거두었다. 즉, 백의 거마와 백벽(白璧; 흰 보옥)과 황금과 비단 등을 합종의 준비 비용으로 받은 것이다. 한, 위, 제, 초의 순서로 돌아다닌 소진은 보기 좋게 왕들을 설득해 여섯 나라의 재상이 되어 합종의 맹주로 떠받들리게 되었다.

남쪽 초에서 조나라로 돌아가는 도중 소진은 낙양을 지나게 되었다. 그때 그의 행렬은 왕후의 그것에 다름이 없고, 낙양을 서울로 한 주왕도 사신을 보내 마중하는 형편이었다.

이제는 그의 형제도 아내도 형수도 그를 바로 대하지 못했다. 음식을 나를 때에도 고개를 숙이고 날랐다. 소진이 형수에게 물었다.

"예전에 내가 집에 돌아왔을 때는 밥도 내오지 않았는데 지금은 아주 달라졌으니 이건 무슨 까닭입니까?"

그러자 형수는 이마를 땅에 닿도록 엎드려,

"당신의 지위가 이토록 높아지고 또 부자가 된 것을 보면, 그 누구나 자연히 이럴 수밖에 없을 겁니다."

라고 대답했다.

소진은 만약 자기에게 얼마간의 논밭이라도 있었더라면 평생 그것으로 만족하며 오늘과 같은 부귀를 얻지 못했을 것이라 탄식하고는, 친족과 벗들에게 천금을 나누어 주었다고 한다.

소진이 조나라에 머물러 있을 때 장의가 소문 없이 찾아왔다. 소진이 재상이 된 것을 알고 한자리 얻고 싶었던 것이다. 그런데 소진은 엿새 만에야 면회를 허락했을 뿐만 아니라, 자기는 높은 곳에 장의는 뜰 아래 앉게 하고 종들에게 주는 것과 같은 험한 음식을 주고는 내쫓아 버렸다.

장의는 이를 갈며 분해했다. 그러고는 어디 두고 보란 듯이 그 길로 진나라로 갔다. 그런데 그가 여행하는 길에 늘 따라다니며 시중을 들어 주는 사람이 있었다. 여관의 숙박비는 물론이요, 진나라에 가서 벼슬을 하기 위해서는 의복도 필요하고 수레나 말도 필요하다 하며 진나라까지 따라 와 준 사람이었다.

그 당시에는 장래가 유망한 사람이라고 생각하면 친절을 베풀어 장래에 덕을 보려고 하는 장사치들이 더러 있었으므로 필시 그런 사람이려니 하고 장의는 생각했었다. 그 장사치는 장의가 진나라 서울에 도착하여 객경의 자리에 앉는 것을 보고 하직 인사를 하러 왔다. 장의는 자기에게서 아무것도 요구하지 않는 그 사람을 이상히 생각하고 그 까닭을 물었다. 그러자 그 상인은,

"이건 모두 소진 님의 계획에 의한 것입니다. 당신에게 용기를 주어 진나라로 향하게 하고 무사히 진에서 벼슬을 하도록 하신 것입니다. 진나라는 소진 님의 합종책에는 방해자입니다. 그 방해자의 손발을 묶어 놓게 하는 일을 당신께서 해 주시기를 바랍니다."

그러자 장의는 말했다.

"나는 소진 님의 술수 속에 있으면서도 그걸 깨닫지 못한 어리석은 자요. 이런 어리석은 자가 어찌 소진 님의 방해가 될 수야 있겠소? 소진 님에게 전해 주시오. 그분이 살아있는 동안, 이 장의가 어찌 큰소리할 수 있겠느냐고……."

그 후 장의는 진나라에 있으면서 재주와 능력을 인정받아 객경에서 재상으로 출세했다. 그는 '연형(連衡)의 책'을 썼다. 즉, 여섯 나라 중 그 어느 한 나라와 동맹을 맺어 합종을 깨뜨리고, 여섯 나라를 모두 고립시킴으로써 하나하나 격파하거나 위협해서 진나라에 대해 신하의 예를 취하게 한 후 다시 병탄하는 책략이다. 여섯 나라가 서로 '합종'하는 것에 대해, 진이 그 여섯 나라 중 어느 한 나라와 동맹을 맺는 것은 '옆으로(衡; 동서) 연하는' 형식이 되므로, 합종에 대해 연형이라고 하는 것이다. 장의는 뒷날 소진이 성취해 놓은 합종을 완전히 깨뜨려 버렸다.

—〈사기〉 '소진전', '장의전'

해골을 빌다 乞骸骨

한나라 왕 유방이 천하를 통일하기에는 많은 고난을 맛보지 않으면 안 되었다. 초의 항우는 강적이요, 번번이 궁지에 빠져들기도 했던 것이다.

한의 3년 때 일이다. 유방은 영양에 진을 치고 항우에게 대항하고 있었다. 그 전 해에 북상하는 초군을 이곳에서 막아 한왕은 지구전을 꾀하고 있었다. 그러기 위해서는 식량을 확보하지 않으면 안 되었다. 그래서 수송로를 만드는 일에 정성을 기울여 우선 도로 양쪽에 담을 쌓아 에워싸고, 그 길을 황하에 이어지게 하여 영양 서북에 있는 하반의 미창(米倉)에서 운반해 오도록 했다.

그러나 이 수송로는 항우의 공격 목표가 되어 한의 3년에는 몇 차례나 습격과 강탈을 당했다. 한군은 식량이 모자라게 되어 중대한 위기에 봉착했고, 하는 수 없이 강화를 청하여 영양에서 서쪽 땅을 한나라 땅으로 인정해 주기를 원했다.

항우도 이쯤에서 화평을 맺는 것이 좋겠다고 생각하여 그 일을 범증과 의논했다. 그러나 범증은 반대였다.

"그것은 안 됩니다. 지금이야말로 한은 다루기 좋은 때인데, 이 참에 치지 않으면 반드시 후회하게 될 것입니다."

이 반대에 항우도 그렇게 하기를 결심하고 곧 영양을 포위했다.

당황한 것은 한왕이었다. 그런데 마침 진평이라는 인물이 있어, 한 가지 책략을 쓰게 되었다.

진평은 일찍이 항우의 신하였으나 뒤에 유방에게로 달려 온 자인데, 지략에 능했다. 그는 항우의 급한 성미와 단순한 기질을 잘 알고 있었으므로 항우와 범증 사이를 갈라놓으면 된다고 생각했다. 그래서 우선 부하를 보내어 초군 속에,

"범증은 논공행상이 없음을 불쾌히 여기고 항우 몰래 한과 내통하고 있다."

는 소문을 퍼뜨렸다.

단순하기만 한 항우는 그것만으로도 이미 마음이 동요되어 이번에는 범증 몰래 강화의 사자를 한왕에게 보냈다.

진평은 장량 등 한의 수뇌들과 함께 정중하게 사자를 맞이했다. 소를 비롯하여 돼지와 양을 잡아 그 고기를 넣은 특별한 고급 요리를 내어 후히 대접했다. 그리고 천연덕스럽게,

"범증께서는 안녕하신지요."

하고 물었다.

사자는 먼저 범증의 안부를 묻는 바람에 적이 화가 나서,

"저는 항우왕의 사자로서 온 것이오."

하고 대답했다. 그러자 진평은 일부러 놀란 체하며,

"뭐라고? 항우왕의 사자인가? 나는 범증의 사자인 줄 알았군!"

그러면서 나와 있는 음식들을 도로 들여가고 맛없는 음식으로 바꿔 놓게 한 다음 밖으로 나가 버렸다.

이 이야기를 전해 들은 항우는 화가 머리끝까지 나서 우선 첫 불을 범증에게 터뜨렸다. 그는 범증이 한과 내통하고 있는 것이

틀림없다고 생각하고 그에게 주었던 권력을 도로 빼앗아 버렸다. 범증은 크게 노했다.

"천하대세는 이미 정해진 거나 마찬가지니, 왕께서 몸소 하십시오. 나는 해골을 빌어 초야에 묻히기로 하리다."

항우는 즉시 그의 뜻대로 해 주고 어리석게도 진평의 책략에 걸려 유일한 지장을 잃었다. 범증은 초나라 서울 팽성으로 돌아가는 길에 병으로 죽었다. 그의 나이 75세였다.

원문은 '해골을 하사받아 졸오(卒伍; 평민)에 돌아가리'로 되어 있다. 빈다는 걸(乞)의 글자가 보이는 것은 〈안씨춘추〉와 〈사기〉의 '평진후전(平津侯傳)' 등이다. '해골을 빌다'라는 것은 자신의 한 몸을 주군에게 바친 것이라 그 해골을 다시 자기에게 내려 달라는 뜻으로 결국 '노신이 사직하고자 하는 일, 관리가 사직을 원하는 일'을 의미한다.

—〈사기〉

호가호위 狐假虎威

; 여우가 호랑이의 위세를 빌다

전국시대 초나라의 선왕(宣王)이 여러 신하에게,

"북방의 나라들은 왜 우리 재상 소계휼을 두려워하는가?"

하고 물었을 때, 강을이란 신하가 나서며 이렇게 대답했다.

"임금님, 아니옵니다. 북쪽의 나라들이 어찌 일개 재상에 불과한 소계휼을 두려워하겠습니까? 원래 호랑이는 백수의 왕으로 모든 동물이 두려워합니다. 어느 날 여우를 잡아먹으려 하자 여우가 '하나님께서는 나를 뭇짐승의 어른으로 정해 주셨는데, 그대가 그것을 모른다면 나를 따라다니며 나를 보고 도망치는 짐승들을 보라. 그걸 보면 내가 짐승의 어른인 것을 알 수 있을 것이다'라고 했습니다. 호랑이가 그렇다면 확인해 보자고 하여 여우가 앞에 서고 호랑이가 뒤에 서서 가는데, 과연 여우 앞에 나타난 짐승들이 걸음아 날 살려 하고 도망치는 것이었습니다. 이리하여 호랑이는 여우를 잡아먹을 수 없었다는 이야기가 있습니다. 그러나 짐승들이 도망친 것은 여우가 무서워서가 아니요, 뒤에 있는 호랑이가 무서웠기 때문입니다. 이처럼 북방 오랑캐는 소계휼을 두려워하는 것이 아니라 그 뒤에 있는 초 군사의 힘, 즉 임금님의 강한 병사입니다."

이를 '여우가 호랑이의 위세를 빈다'라고 하거나 '호랑이의 위세를 빈 여우'라는 말이 생겨났다.

강을은 원래 위나라의 사신으로 초나라에 눌러앉아 벼슬을 하게 되었다. 그러나 왕의 측근이 된 뒤에도 위나라와 내통했는데, 그에게 방해가 된 인물이 소계휼이었다. 소계휼은 초나라 왕족 출신으로, 강을이 비밀리에 위나라와 내통하고 있음을 눈치채고 있었다.

이를 알게 된 강을은 소계휼을 눈엣가시로 여기고 있다가 '호랑이의 위세를 빌어 잘난 체하는 여우'라고 한 것이다. 강을은 '소계휼이 위나라로부터 뇌물을 받았다'라고 모함하기도 하고, '나를 내쫓으려 한다'라며 선왕에게 소계휼을 헐뜯었다.

이처럼 전국시대는 한 가죽을 벗기면 온순한 양의 가죽 속에 여우가 있고, 이리나 호랑이가 있는 일도 흔한 시대였다.

—〈전국책〉 '초선왕'

제4강

치국 治國

; 나라를 다스리다

건곤일척 乾坤一擲

; 한 번의 승부에 하늘과 땅을 걸다

용호(龍虎)가 피곤하여 천원(川原)에 나뉘니,
억만 창생(蒼生)이 성명(性命)을 가지도다.
그 누구 군왕에게 마수(馬首)를 돌리게 하여,
진실로 일척(一擲) 건곤(乾坤)을 도(賭)케 하리.

이 시는 한유의 '홍구를 지남'의 한 구절이다. 홍구는 지금의 하남성 가로하를 일컫는 곳이다. 그 옛날 진이 멸망하고 천하가 아직 통일되지 않았을 때, 초나라 항우와 한나라의 유방(劉邦; 뒷날의 고조)이 이곳에 일선(一線)을 긋고 천하를 분유(分有)했다. 이 시는 당시를 추회한 것이다.

진왕의 실정에 진척 등이 반기를 들자, 이에 호응하여 각지에서 병사를 일으키는 자들이 있었는데, 그중에서도 풍운을 타고 가장 두각을 나타낸 것은 항우였다. 그리고 3년 만에 드디어 진나라를 멸한 항우는 스스로 서초(西楚)의 패왕이 되어 팽성에 도읍을 정하고, 유방을 비롯하여 공 있는 자들을 각각 왕후에 봉하여 우선 천하를 호령한 것으로 보인다.

그러나 명목상의 주군인 초나라의 의제(義帝)를 죽인 일과 행실이 고르지 못한 것이 다시금 천하를 혼란에 빠뜨리게 했다. 즉, 전영, 진여, 팽월 등이 잇달아 제와 조와 양의 땅에서 반란을 일으키고, 항우가 이들을 치고 있는 틈을 타서 유방이 군사를 일으켜 관중 땅을 병합해 버린 것이다.

본래 항우가 가장 두려워한 사람은 유방이었다. 맨 처음에 관중 땅을 평정한 사람이 곧 '관중의 왕'이 되는 것이라고 한 의제의 공약은 무시되어, 관중에 먼저 들어섰는데도 항우에 의해 파촉 땅에 봉해진 것은 유방으로서는 항우에 대한 가장 큰 원한이었다. 그러나 이제 관중을 손아귀에 넣은 유방은 항우에 대해서 다른 뜻이 없음을 전하고, 착착 힘을 길러 관외로 진출할 기회를 엿보고 있었다.

다음 해 봄, 항우는 제나라에 이겼으나, 그래도 완전히 제나라를 굴복시키지 못했다. 좋은 때라고 생각한 유방은 초나라의 의제를 위해 상을 입게 하는 동시에, 역적 항우를 칠 것을 여러 제후에게 권하여 56만의 군사를 거느리고 초나라로 쳐들어가 서울 팽성을 손에 넣었다.

항우는 이 소식을 듣고 되돌아와서 팽성 근방에서 한군(漢軍)을 철저하게 쳐부수어, 유방은 간신히 목숨을 건져 영양까지 도망쳐 갔지만, 불행하게도 부친과 부인을 적중에 남겨 놓게 되었고, 영양에서 어느 정도 세력을 되찾기는 했지만, 다시 포위되어 그곳을 간신히 탈출하는 형편이었다.

그 후 유방은 한신이 제나라를 제압하게 됨에 따라 어느 정도 세력을 얻었다. 그리하여 다시 관중에서 병력을 보급하여 초군을 격파하고, 팽월도 양의 땅에서 초군을 괴롭혔으므로, 항우는 각지에서 싸우지 않을 수 없게 되었다. 더구나 팽월에 의해 군량까지 떨어지니, 드디어 유방과 화의하여 천하를 양분하니 홍구에서 서쪽을 '한(漢)'이라 하고, 동쪽을 '초(楚)'라고 하여 유방의 부친과 부인도 돌려보내게 되었다.

한나라 4년, 기원전 203년이었다. 항우는 약속이 되었으므로, 군사를 거느리고 귀국해 갔다. 유방도 철수하려고 했다. 이를 본 장량과 진평이 유방에게 진언했다.

"한은 천하의 태반을 가지고 제후도 많이 있으나, 초의 군사는 피로해 있고 군량도 떨어졌습니다. 이야말로 하늘이 초를 망하게 하시려는 것이니, 초의 군사가 굶주려 있을 때 공격하는 것이 좋을 줄 압니다. 지금 치지 않으면 호랑이를 길러 환난을 만드는 것이라 하겠습니다."

이에 유방은 뜻을 정하고 다음 해에 초군을 추격하여 드디어 한신, 팽월 등의 군사와 함께 항우를 해하에서 포위했다.

한유는 홍구 땅에서 이 장양과 진평이 한왕을 도운 공적을 생각하고, 바야흐로 천하를 건 큰 도박이라고 보았던 모양이다. '일척(一擲)'이라고 함은 모든 걸 한 번에 내던진다는 뜻이요, 일척천금(一擲千金), 일척백만(一擲百萬)이니 하는 말로 쓰인다. '건곤(乾坤)'은 곧 천지이니, '일척건곤을 건다' 즉 '건곤일척'은 천하를 얻느냐 잃느냐 하는 대모험을 행하는 데 쓰이는 말이다.

계륵 鷄肋

; 닭의 갈비

후한의 헌제 건안 25년의 일이다. 익주 땅을 차지한 유비는 한중을 평정한 다음, 위나라의 조조를 맞아 싸워 역사적인 한중 쟁탈전을 시작하고 있었다.

싸움은 몇 달을 두고 계속되었다. 유비의 병참은 후방 근거지와 제갈량이 확보한 것과 비교하여, 조조는 병참을 빼앗겨 도망병이 속출하고 전진도 수비도 할 수 없는 딜레마에 빠졌다. 여기서 조조는 '계륵'이라는 명령을 내렸다. 그러나 이게 무슨 뜻인지 몰라 부하들은 도깨비에 홀린 듯했다.

그런데 조조의 군대에 은어를 잘 풀이하는 양수(楊修)라는 사람이 있었다. 양수는 낭중 벼슬을 거쳐 주부가 된 학문에 능한 수재였다. 일찍이 강남에 갔을 때 조조와 더불어 은어 풀기 내기를 한 일이 있었다. 그때 양수는 곧 풀었지만, 조조는 3백 리를 걸어오다가 겨우 풀었는데, 조조가 말하기를,

"내 재주는 네 재주를 못 따르기 3백 리다."

고 탄식한 일이 있었다. 양수는 조조의 이 명령을 듣자 혼자 서둘러 수도 장안으로 돌아갈 준비를 시작했다. 모두 놀라 그 까닭을 물으니, 그는 이렇게 대답했다.

"닭의 갈비는 먹으려 해도 먹을 만한 것이 못 되고, 그렇다고 버

리기도 아까운 것이지. 한중을 이에 비춰 보신 왕(조조)께서 귀환하기로 작정하신 거야.”

과연 조조는 위의 전군을 한중으로부터 철수했다.

‘계륵’은 몸이 마르고, 약한 것을 비유하는 말로도 쓰인다. 닭의 갈빗대 같은, 골격이 빈약한 몸이라는 뜻이다.

양수는 관도의 싸움에 패하여 하북의 패권을 조조에게 빼앗긴 원소의 아우 원술의 조카였으므로, 조조의 둘째 아들 조식을 위나라 왕의 후계자로 세우기 위해 여기저기 내왕한 것을 제후들과 내통하고 있는 것으로 오해받아 위군이 한중을 철수한 해에 조조에게 죽임을 당했다.

‘계륵’에 관한 다른 이야기 하나.

술을 좋아하는 ‘죽림칠현’ 가운데서도 술에 있어 윗자리였던 유영(劉伶)이 취하여 어떤 사람과 시비가 붙었다. 상대가 팔을 걷고 주먹으로 치려 덤벼들자, 유영은 천천히 말했다.

“닭의 갈빗대처럼 너무도 빈약한 몸이라, 그대의 주먹은 받지 못하겠구려.”

상대는 그만 너털웃음을 웃으며 시비를 그만두었다고 한다.

—〈후한서〉 ‘양수전’, 〈진서〉 ‘유영전’

계명구도 鷄鳴狗盜

; 닭 울음소리와 도둑

전국시대의 일이다. 제나라 왕족의 한 사람으로, 설의 땅에 봉해진 정곽군 전영의 아들 중에 맹상군(孟嘗君) 전문(田文)이란 사람이 있었다. 전영에게는 40여 명의 아들이 있었는데, 전문은 신분이 낮은 첩의 소생이었다. 게다가 그 당시 속설로, '5월 5일에 난 아이는 부모에게 원수가 된다'라는 5월 5일 출생이어서, 아버지인 전영도 처음에는 좋아하지 않았었다. 그러나 전문은 이만저만한 재동이 아니었다.

뒷날 그는 아버지의 뒤를 이어 설의 성주가 되어 뛰어난 정치를 펼쳤다. 특히 그는 재산을 아끼지 않고 천하의 인재를 모아, 한때는 맹상군의 식객으로 있는 사람이 몇천 명에 이르렀다고 한다. 식객 한 사람 한 사람이 모두 내로라하는 자신만만한 천하의 호걸들이었지만, 그 중에게는 좀도둑의 명인, 짐승 소리 잘 내는 명인들까지 있었다.

맹상군의 명성을 들은 진나라의 소양왕이 맹상군을 진의 재상으로 초빙코자 했다. 맹상군은 주위 사람들의 반대도 있어서 뜻을 정하지 못하고 있었으나, 진의 재상이 되는 일은 자기 나라를 위해서도 도움이 되는 것으로 생각하고, 드디어 식객 몇 사람을 데리고 진으로 가서 값비싼 호백구[여우 겨드랑이에 난 흰색 털가죽을 모아 만든 가죽옷]를 선물로 내놓고 소양왕을 만났다.

왕은 약속대로 재상으로 임명할 작정이었는데,

"제나라 왕족의 피를 받은 자를 재상으로 삼는 것은 진을 위해 이롭지 못한 일이옵니다."

라는 반대가 많아서 왕의 약속은 지켜지지 못했다.

그러나 맹상군을 그냥 돌려보내면 반드시 분풀이할 것 같아 맹상군을 암암리에 죽여 버릴 계획을 세웠다. 이런 형세를 눈치챈 맹상군은 왕의 총희(寵姬; 왕이 사랑하는 여자)에게 애원하여 귀국할 수 있게 해 달라고 했다. 그러자 총희는,

"도와줄 수는 있지만, 왕에게 선물로 준 것과 같은 호백구를 사례로 가져오지 않으면……."

이라고 어려운 조건을 붙였다.

맹상군으로서도 그 귀한 호백구를 하나 더 구하기는 쉬운 일이 아니라서 걱정하는데, 이 말을 들은 식객 가운데서 불쑥 나선 사람은 훔치는 재주를 자랑으로 하는 사나이였다. 그 사나이는 대궐 안에 들어가서 전날 진왕에게 선물로 준 호백구를 감쪽같이 훔쳐 내 왔다. 그런 줄을 모르는 총희는 선물을 받고 크게 기뻐하여 소양왕을 졸라 맹상군을 돌려보내게 해 주었다.

맹상군 일행은 어물어물하다가는 모든 일이 틀어질 것이므로, 즉시 함양을 탈출, 국경에 있는 함곡관으로 달렸다. 한편, 소양왕은 나중에 이 사실을 알고 병사를 놓아 뒤쫓게 하였다.

맹상군 일행이 함곡관에 도착한 것은 아직 날이 새기 전이었다. 그런데 진나라에서는 첫닭이 울기 전에는 관문을 열지 못하게 되어 있었다. 자칫 목숨을 건 탈출이 실패에 돌아갈 형편인데,

이때 식객 중에서 짐승의 목소리를 잘 흉내 내는 자가 나섰다. 그가 어둠 속으로 숨어 들어가니 이내 닭 우는 소리가 낭랑하게 들려왔다.

아직 첫닭 울 시각이 멀었는데도 이 소리에 근방의 닭들이 모두 따라 울었다. 자다가 깬 병졸이 이상한 얼굴로 관문을 열었다. 기다리고 있던 맹상군 일행은 이때다 하고 관문을 나서 말에 채찍질하여 드디어 탈출에 성공했다. 소양왕의 병졸들이 함곡관에 도착한 것은 바로 얼마 후였다.

계포일락 季布一諾

초나라 사람 계포(季布)는 젊었을 때 이미 임협(任俠; 체면을 소중히 여기고 신의를 지킴)으로 알려져 한 번 허락한 이상 그 약속은 반드시 지켰다. 뒷날 서초의 패왕 항우가 한나라 유방과 더불어 천하를 걸고 싸울 때 초나라의 대장으로서 누차 유방을 괴롭혔지만, 항우가 패망하여 유방이 천하를 통일하자 그의 목에 천금의 현상금이 걸려 이리저리로 쫓기는 몸이 되었다. 그러나 그를 아는 사람은 아무도 그를 팔지 않았을 뿐만 아니라, 유방에게 좋게 말해주기까지 했다. 그리하여 나중에 한의 낭중이 되어 혜제 때는 중장랑이 되었다.

권모술수가 소용돌이치는 궁중에서도 그는 옳은 것은 옳다 하고, 그른 것은 그르다고 주장하여 점점 더 뭇사람들의 존경을 받았다.

그러한 계포의 에피소드에 이런 이야기가 있다. 흉노의 추장 선우가 권력을 한 손에 쥐고 있는 여태후를 멸시한 불손한 편지를 조정에 보낸 일이 있었다.

"발칙한 놈, 그놈을 어찌할 것인가……."

분노한 여태후는 곧 장군들을 불러 어전회의를 열고 여럿에게 물었다. 이때 일어선 것은 상장(上狀) 번쾌였다.

“소신이 십만의 군사를 가지고 흉노 놈들을 남김없이 쳐부숴 놓겠소이다.”

무슨 일에나 여 씨 일문(一門)이 아니고서는 꿈쩍도 못 하던 때이다. 하물며 번쾌는 그 일문의 딸을 아내로 맞아서 여태후가 가까이 알아주는 장군이라, 여태후의 얼굴빛만 살피고 있던 얼빠진 무사들은 이구동성으로,

“그것이 좋겠나이다.”

하고 말했다.

이때,

“번쾌를 쳐야 하오!”

하고 큰 소리로 외친 사람이 있었다. 바로 계포였다.

“고조 황제조차 40만의 대군을 거느리시고도 평성에서 그자들에게 포위당한 일이 있었습니다. 그런데 지금 번쾌의 말이 십만으로 쳐부수겠다니, 이야말로 대언장담도 너무 심한 줄로 아뢰옵니다. 남들은 장님으로 생각하는 것입니까. 대체 진이 망한 것도 오랑캐와 싸움을 걸었기 때문에 진성 등이 그 빈틈을 타서 일어선 것이올시다. 그들에게서 받은 상처가 아직도 다 아물지 못했사온데, 번쾌는 위에 아첨하기 위해 천하의 동란을 가져오려 하는 자가 아니겠나이까?”

좌우 사람들의 안색이 일시에 싹 변했다. 그러나 여태후는 노하지 않았다. 폐회를 명하고는 두 번 다시 흉노 토벌에 대해서 말하지 않았다.

그즈음 초나라 사람으로 조구라는 자가 있었다. 대단히 말을 잘하는 사나이였으나, 권세와 재물에 대한 욕심이 많아 조정의 세력

있는 환관 조담과도 통하고 황제의 외숙인 두장군 집에도 친히 출입하고 있었다.

이를 들은 계포는 두장군에게 글을 보내어 '조구는 못된 사나이라고 듣고 있사오니, 가까이하지 마소서'라고 친절히 일러 주었다. 그때 마침 조구는 여행 중이었는데, 돌아와 두장군에게 가서 계포에게 소개장을 써 달라고 했다.

"계포 장군은 그대를 좋아하지 않는 것 같으니, 가지 않는 것이 좋지 않을까?"

두장군이 이렇게 일러 주었는데도 그는 억지로 소개장을 얻어 계포를 찾아갔다. 벌겋게 화가 나 기다리고 있는 계포를 찾아간 조구는 인사를 마치고 이야기를 시작했다.

"초나라 사람들은 황금 백 근을 얻는 일은 계포의 일락(一諾)을 얻은 것만 같지 못하다고 하여 이미 그 말이 속담처럼 되어 있습니다만, 도대체 어찌하여 이렇게도 유명하게 되었습니까? 좀 가르쳐 주십시오. 본래 우리는 동향인이기도 한데, 그런 제가 당신 자랑을 하며 돌아다닌다면 어떻게 됩니까? 저는 기껏 양과 초나라에만 알려졌지만, 제가 돌아다니면서 당신 이야기를 한다면 천하에 그 이름을 떨치게 될 것입니다."

자신의 이름이 천하에 떨치게 된다는 말을 들은 계포는 마음에 기쁨을 느꼈다.

그래서 그 사람을 손님으로 몇 달 동안 묵게 하여 섭섭지 않을 만큼 대우하여 보냈다. 이 조구의 변설로 계포의 이름은 더욱 온 천하에 전해진 것이다.

'계포의 일락'은 '계락(季諾)'이라고도 생략해서 말하고, 혹은

'금락(金諾)'이라고도 한다.

—〈사기〉'계포전'

고복격양 鼓腹擊壤

옛날 성천자(聖天子)라는 이름을 얻은 요임금 때의 이야기다. 요는 임금의 자리에 앉은 이래, 항상 마음을 기울여 하늘을 공경하고 백성을 사랑하는 정치를 하여 천하 사람들이 다 따른 임금이었다. 태평 무사한 나날이 거듭되어 어느덧 50년이 지났다. 너무나 평화로운 세월을 보내다 보니 요는 어쩐지 불안한 생각이 들었다.

"도대체 온 나라가 무사하다 하지만, 정말 내 나라는 태평한 것일까? 백성들은 정말로 나를 천자로 받드는 걸 좋아하고 있는 것일까?"

요는 그런 사실을 자기 눈으로 보고, 자기 귀로 들어서 확인해야겠다고 생각했다. 그리하여 어느 날 남모르게 평복하고 가만히 거리에 나섰다. 어느 네거리 모퉁이를 지나려니 아이들이 모여 서서 손을 맞잡고 놀며 이런 노래를 부르고 있었다.

천자님, 천자님, 우리들은 이렇게도 잘 산답니다.
이것도 모두 천자님 덕택.
천자님, 천자님, 우리는 이렇게 마음을 놓고
오직 오직 천자님만 믿고 살지요.

아이들의 철없는 노래에 요 임금은 마음이 흐뭇했다.

"으음, 그런가! 아이들까지도 나를 칭송해 주는구나."

이렇게 중얼거리다가 요임금은 문득 한 가지 의문이 머리에 떠올랐다.

"가만있자, 이건 어린아이들의 노래로서는 지나치게 작위적이다. 어쩌면 어느 어른이 만들어 준 노래가 아닐까."

이런 불안을 품게 된 요는 걸음을 빨리하여 거리를 거닐었다. 동네 변두리에 이르렀을 때, 한 노인이 무언지 맛나게 먹으면서 격양(擊壤; 나무로 만든 공을 서로 부딪쳐 승부를 다투는 놀이)에 눈이 팔렸다가 쉰 목소리로 노래를 중얼거렸다.

해가 뜨면 부지런히 밭을 갈고, 해가 지면 집에 들어가 편히 쉰다.
목마르면 우물 파서 물 마시고, 배고프면 논밭에 곡식이 있네.
천자님 같은 건 있으나 마나, 우리 살림살이 무슨 걱정인고.

이 노래를 들은 요임금은 그제야 마음이 시원하고 가슴이 탁 트이는 것 같았다.

"그래, 그러면 된 거야. 백성들이 아무 걱정 근심이 없어 배를 두드리고 격양하며 제 살림을 즐긴다. 이거야말로 내가 바라던 것이 아닌가."

환궁하는 요의 발걸음이 한결 가벼워진 것도 당연한 일이었다.

곡학아세 曲學阿世

; 학문을 굽혀 세상에 아첨하다

전한 제4대 효경제는 즉위하자, 곧 천하 어진 선비들을 구하여 우선 시로 유명한 원고생(轅固生)을 불러 박사로 삼았다. 원고생은 산동 출신으로, 그 당시 90의 노령이었지만 효경제의 부름에 감격하여, '젊은이들에게 지지 않으리라'하고 흰머리를 날리며 효경제 앞에 나왔다.

그런데 원고생의 직언을 못 견디는 얼치기 학자들은 어떻게 해서든지 이 사람을 떨려 나가게 하려고 온갖 비난을 다 했다.

"그 늙은이는 이미 쓸모가 없는 자이옵니다. 시골에 그대로 두어서 증손자들이나 보아주게 하는 것이 좋은 줄로 아옵니다." 라고 말하는 신하도 있었다.

그러나 효경제는 이런 중상을 곧이듣지 않았다. 그리고 역시 산동 출신의 공손홍이란 소장 학자를 불러들였다. 공손홍은 '저런, 늙은이가 뭘 하겠다고……' 하는 눈초리로 원고생을 보았으나 원고생은 개의치 않고 말했다.

"지금 학문의 길이 문란하여 속담이 유행하고 있소. 이대로 두면 유서 깊은 학문의 전통은 사설 때문에 자취를 감추게 될 것이오. 그대는 다행히 젊은 호학(好學)의 선비라 들었소. 아무쪼록 바른 학문을 연구하여 세상에 널리 퍼뜨려 주시오. 결코 자기가 믿는 학설을 굽혀(曲)서 세상의 속물들에게 아부하지 않도록⋯⋯."

이것이 '곡학아세'란의 말이 생긴 시초가 되었다.

'저런 늙은이가⋯⋯' 하고 있던 공손홍도 절조를 굽히지 않는 원고생의 훌륭한 인격과 풍부한 학식에 감격하여 크게 뉘우치고, 곧 자기의 무례를 사과한 다음 그의 제자가 되었다. 원고생이 나서 자란 산동에서는 시를 배우는 자는 모두 원고생을 모범으로 삼았고, 당시 유명한 시인은 거의 모두 그의 제자였다고 한다. 이러한 원고생의 강직함을 말해주는 이야기가 있다.

효경제의 모친 두태후는 노자를 매우 좋아했는데, 한 번은 박사 원고생을 불러 물었다.

"그대는 노자를 어떻게 생각하는고?"

원고생은 평소의 신념을 굽혀 칭찬할 수 없다고 생각하고,

"노자 같은 사람은 하인배나 다름없는 사나이올시다. 그가 하는 말은 모두 남을 속이는 말에 지나지 않으며, 적어도 천하 국가를 논하는 선비가 문제시할 가치도 없는 것이옵니다."

라고 두려움 없이 대답했다.

태후는 얼굴빛이 확 변했다.

"이런 오만한 자가 어디 있는가. 내가 존경하는 노자를 가짜로 돌리다니! 이 자를 옥에 가두라."

두태후의 명령으로 옥에 갇힌 원고생은 날마다 돼지 잡는 일을 하게 되었다. 태후는 90이 넘은 노인이 돼지 잡는 일은 제대로 못 하려니 생각하고, 못하는 때에는 또 다른 형벌을 주리라 생각하고 있었다. 그러나 원고생은 예리한 칼로 돼지를 잡는데, 한칼에 돼지의 심장을 찔러 어렵지 않게 잡았다. 이 소식을 들은 태후는 하

는 수 없이 그를 용서하여 다시 박사의 자리에 돌아오게 하였다.

　이 두려움이 없고, 권력에 눌리지 않고, 직언하는 태도에 감탄한 효경제는 원고생을 삼공의 하나인 청하왕태부라는 벼슬에 승진시켜 점점 더 그를 신임했다고 한다.

─〈사기〉, '유림전'

국사무쌍 國士無雙

; 한 나라에 두 사람도 없는 뛰어난 인물

진이 망하고 초의 패왕 항우와 한왕 유방이 천하를 다투고 있을 때의 일이다. 초군의 위세에 눌려 파촉 땅에 갇혀 있던 한군 가운데 한신이 있었다.

한신은 처음에는 초나라 군대에 속해 있었으나, 아무리 군략을 말해도 항우가 이를 한 번도 채택해 주지 않은 데 실망하여 도망쳐 한나라 군대에 들어간 사람이다. 그러나 그때까지 한신은 유방의 눈에 들 기회를 얻지 못했다. 한신은 우연히 부장 하후영에게 인정을 받아 치속도위에 천거되었다. 그 직무가 군량을 관리하는 일이라 그는 승상 소하와 알게 되었다. 원래 한신은 그가 품은 큰 뜻에 걸맞은 탁월한 재주를 갖추고 있었는데, 소하는 그걸 알아채고 은근히 기대를 걸었다.

그즈음 관동 각 처에서 유방을 찾아온 부장 중에는 참을 수 없는 향수에 젖어 도망하는 자가 꽤 많았다. 군중에 동요가 보이자, 한신도 도망을 쳤다. 자신의 재주는 치속도위쯤으로는 도저히 만족하지 못했던 것이었다.

한신이 도망했다는 말을 듣자, 소하는 부리나케 뒤를 쫓았다. 너무나 급히 뒤쫓았기 때문에 다른 사람이 보기에는 소하도 도망을 치는 것처럼 보일 정도였다. 유방은 이 소식을 듣고 양팔을 잃은 것같이 낙담하였고, 그런 만큼 노여움도 컸다. 그런데 이틀 후에 소하가 불쑥 나타났다. 그의 얼굴을 보고 유방은 한편으로는 노하고 한편으로는 기뻐했다.

"승상의 몸으로 어찌 도망했던고?"

"도망한 것이 아니옵니다. 달아나는 자를 잡으려 했을 뿐입니다."

"누구를?"

"한신입니다."

"뭐라고? 한신을 잡으려고 했단 말이오? 지금까지 여러 장사가 도망했으되, 경은 그중 단 한 사람도 잡으러 가지 않았거늘, 어찌 이름도 없는 한신을 잡으러 갔단 말이오?"

"지금까지 도망친 인물이라면 얼마든지 구할 수 있습니다. 주공께서는 이름이 없다고 하셨지만, 그것은 한신을 아직 모르기 때문이옵고, 한신이야말로 국사무쌍이라 할 인물입니다. 주공께서 파촉의 땅만을 영유(領有)하시여 만족하시려면 모르거니와, 만일 동쪽으로 진출하여 천하를 다투실 생각이시다면 한신을 두고 달리 군략이 높은 인물을 얻기 어려울 것입니다. 한신이 필요하고 필요치 않고는 오직 주공께서 천하를 원하시는지, 않으시는지에 달려 있을 뿐입니다."

"그야 나도 천하를 목표로 하고 있지. 이곳에서 썩고 말 생각은 아예 없으니까."

"그러시다면, 제발 한신을 활용하십시오. 활용하시면, 한신도 돌아가려 하지 않을 것이옵니다."

"좋아, 내 아직 한신을 모르지만, 경이 그렇게까지 추천한다면 그를 장군으로 삼겠소."

"아닙니다. 그런 정도로는 진정 활용하시는 것이 못 됩니다."

이리하여 한신은 한의 대장군이 되었다. 드디어 그의 재주를 발휘할 때가 온 것이었다. 이것이 한왕 원년의 일이었다.

—〈사기〉 '회음후열전'

권토중래 捲土重來

; 흙먼지를 회오리쳐 일으키며 다시 온다

항우는 초의 영웅으로 이름이 높지만, 문헌상으로 볼 때 그는 문제 인물로서 그에 대한 평은 여러 가지로 많다. 여기 소개하는 것은 당나라의 시인 두보에 비유해 소두(小杜)라 일컫는 두목(杜牧)의 시로, 항우를 읊은 시 가운데서도 특히 유명한 것이다.

> 승패는 병가(兵家)도 기(期)하기 어려운 것.
> 부끄러움을 참고 견딤이 남아(男兒)로다.
> 강동의 자제(子弟) 재준(才俊)이 많거늘,
> 권토중래(捲土重來) 어찌 알 수 있는가.

이는 '오강정에 제함'이라는 시다. 오강은 항우가 정장으로부터 강동으로 돌아가라고 권유를 받은 곳이다. 그러나 항우는 '패장의 몸으로 강동의 부형을 만나 볼 낯이 없다'하고 스스로 목을 찔러 죽은 곳이다. 항우의 나이 31세 때이다.

항우의 죽음 이후 천 년의 세월이 흐르고, 두목이 요강 가에 있는 여사에 머물렀다. 그는 항우의 인품을 생각하고 그의 이른 죽음을 원통하게 생각했다. 그래서 '강동의 부형에 대한 부끄러움을 참기만 하면 훌륭한 자제가 많은 곳이니, 만회할 가능성이 있지 않았을까'라고 항우를 애석하게 생각했다.

항우는 단순하고 격한 성격이었지만, 한편 우희와의 이별에서 볼 수 있는 인간적인 매력이 있었다. 그러나 항우를 비판하는 소리도 높다. 우선 당송팔대가의 한 사람인 왕안석은 두목과는 반대되는 시를 썼다. 그는 항우의 패세가 어쩔 수 없는 것이라 하고, '강동의 자제 지금 있다 하여도, 감히 군왕을 위해 권토중래할 것이랴'라고 읊었다.

사마천도 〈사기〉 가운데서 '항우는 힘을 과신했다'라고 썼고, 역시 당송 팔가의 한 사람인 증공도 같은 말을 하고 있다.

'권토중래'란 말은 앞에 든 두목의 시에서 나왔고, 그 뜻은 한 번 실패한 사람이 다시 세력을 갖추어 일어난다는 뜻으로 쓰이고 있다. 원래는 '권토중래(卷土重來)'로 썼다.

금성탕지 | 金城湯池

; 구리 성과 끓는 물로 된 연못

강대했던 진나라도 시황제가 죽고, 어리석고 어두운 2세 황제가 즉위하자 토대가 흔들리기 시작했다. 각처에 잠복해 있던 전국시대의 과거 6국의 종실 유신들이 차츰 머리를 들고 진 타도에 나서게 되었다. 그리고 제각기 왕이라 일컬으며 군사를 일으켜 기세를 높였다.

그즈음 무신(武臣)이라는 사람이 조나라의 옛 영지를 평정하여 스스로 '무신군'이라 했다. 이를 본 괴통이라는 논객이 범양 땅의 현령인 서공에게 말했다.

"현령께서는 지금 대단히 위험한 처지에 놓여 있어 문안을 드립니다. 그러나 제가 하는 말을 들으신다면 오히려 행복하게 되실 것이므로, 경하의 인사를 드립니다."

서공이 놀라서 되물었다.

"어째서 내가 지금 위태롭다는 것이오?"

"생각해 보십시오. 현령이 되신 지 10여 년, 그동안 진의 형벌이 가혹했기 때문에 사형으로 아버지를 잃은 아들, 팔을 잘린 사람, 문신을 넣게 된 사람들이 수없이 많이 있습니다. 그들은 내심 모두 진을, 아니 직접적으로는 당신을 미워하고 있지만, 겉으로는 감히 그런 말을 못 하고 아무도 당신을 죽이려 하지 않았습니다.

그러나 이제는 천하가 어지러워져서 진의 위령(威令)이 서지 못하니, 그들은 이제야말로 당신을 죽여 원수를 갚고, 또 이름을 남기려 하는 것이올시다. 그래서 문안의 말을 한 것입니다.”

“그러면, 그대 말을 들으면 좋게 된다고 하여 경하의 인사를 한 까닭은 무엇이오?”

괴통은 바싹 다가앉으며 이렇게 대답했다.

“제가 당신을 대신하여 무신군을 만나 이렇게 말하리다. ‘싸움에 이겨 땅을 뺏고 성을 공격하여 항복을 받는 것은 위험한 일이니, 저의 계략으로써 싸우지 않고 땅과 성을 뺏는 방법을 쓰심이 어떠하겠습니까?’ 그러면 무신군은 반드시 ‘어떤 방법인가?’ 하고 물을 것입니다. 그러면 저는 이렇게 일러 주려 합니다. ‘만일 범양을 공격하여 현령이 견디지 못해 항복했을 경우 현령을 거칠게 다룬다면, 죽음을 두려워하고 부귀를 탐내는 다른 현령들은 기껏 항복했는데도 저런 꼴을 당한다면 큰일이라며 점점 군비를 충실히 할 것입니다. 그리하여 끓는 물로 된 못[湯池]으로 에워싸인 구리[銅金]의 성과 같이 철벽의 수비를 하여 당신의 군대를 기다릴 것입니다. 이렇게 되면 칠 수 없습니다. 저는 감히 충고합니다. 아무쪼록 범양의 현령을 잘 대접해서 그를 각처에 사자로 보내십시오. 그러면 여러 곳의 현령들은 그를 보고, 범양의 현령은 남 먼저 항복하여 살해되기는커녕, 오히려 후한 대접을 받고 있으니 싸우기를 그만두고 항복해 버릴 것입니다. 이것이 바로 만 리 저쪽까지 쉽게 평정하는 방법입니다.’ 이렇게 말하면 무신군은 정녕 들어줄 것입니다.”

서공은 기뻐하며 곧 괴통을 무신군에게 보냈다. 무신군도 괴통의 말을 듣고는 그럴듯하여 범양의 현령을 후하게 대접하고 여러 지방에 사자로 보냈다. 범양 사람들은 전쟁의 화를 면하게 되어 서공의 덕을 칭송했고, 싸우지 않고 무신군에 항복해 온 자가 화북에서만 30여 성이나 되었다고 한다. 뒷날 한신도 괴통의 말을 듣고 연과 제를 공략하였다.

또 〈사기〉에는 '시황제는 관중의 땅을 금성 천 리의 땅으로 생각했다'라고 쓰여 있고, 〈후한서〉에도 '금탕의 힘을 잃다'라는 구절이 있다. 예로부터 수비의 든든함을 일컫는 말로 자주 쓰였다. 오늘날과 같은 무기가 없던 옛날에 있어서는 방비로써 '금성탕지'는 실로 이상적이었을 것이다.

—〈한서〉, '무신군, 괴통전'

기호지세 騎虎之勢

; 달리는 범의 등에 탄 기세

중국 남북조시대, 북조 최후의 왕조인 북주의 선제가 죽자, 외척인 한인(漢人) 양견(楊堅)이 뒤처리하기 위하여 궁중에 들어갔다. 양견은 외척인 동시에 인물도 훌륭했으므로 총리대신으로서 정치를 도맡아 보고 있었는데, 자기 나라가 이민족에게 점령된 것을 몹시 못마땅하게 생각하여 기회만 있으면 다시 한인의 천하를 만들겠다는 생각을 지니고 있었다. 그러던 참에 선제가 죽은 것이다. 선제의 아들은 아직 나이 어리고 또 영리하지 못했으므로 양견은 결국 제위를 물려받아 정식으로 수나라를 세웠다. 이로써 북조는 망한 셈이지만, 양견은 이로부터 8년 후에 남조의 진을 쳐 없애고 천하를 통일했다. 이 사람을 수의 고조 문제라 한다.

문제의 황후는 일찍이 남편의 대망을 알았으므로, 선제가 죽고 남편이 드디어 북주 천하를 빼앗기 위하여 궁중에 들어 분주히 획책하고 있을 때 사람을 보내어 말을 전했다.

"하루에 천 리를 달리는 범을 탄 이상 중도에서 내릴 수는 없습니다[騎虎之勢]. 만일 도중에 내리는 날이면 잡아먹힐 것입니다. 범과 함께 최후까지 달려야 합니다. 이미 큰일을 일으키게 된 이상, 중단해서는 안 됩니다. 반드시 목적을 달성하도록 하옵소서."

양견이 아내의 이 말을 듣고 크게 힘을 얻었음은 말할 것도 없다.

황후는 북주 대사마인 하내공 신의 딸인데, 신은 양견을 유망한 인물로 보고 열네 살의 딸을 시집보낸 것이었다. 그녀는 처음에는 아내로서의 길을 잘 지켜왔지만, 나중에 그녀의 언니가 북주 명제의 황후가 되고, 큰딸이 선제의 황후가 됨에 이르러 차차 오만해졌다.

그러나 이런 이야기도 있다.

일찍이 이민족이 8백만 금짜리의 훌륭한 보옥을 가져온 일이 있었다. 어떤 사람이 그녀에게 그 보옥을 사라고 권했는데, 그때 그녀는,

"지금 외적이 침입하려 하고 있고, 장병들은 적을 막기에 피로해 있소. 내가 보옥을 살 8백만 금이 있으면 공을 세운 장병들에게 주는 것이 훨씬 좋겠소."

하고 그걸 사려고 하지 않았다고 한다.

아무튼 그녀는 여걸이었음이 틀림없다.

—〈수서〉, '독고황후전'

농단 壟斷

; 깎아지른 높다란 둔덕

옛날 옛적, 세상은 평화스러워 사람들은 누구나 순박하기만 하던 때의 일이다. 그런 시대에도 저자가 서서 광장은 사람들로 들끓었다. 그러나 사람들은 누구나 돈벌이하기 위해 물건을 팔고 사는 것이 아니라, 곡식을 가지고 와서 털가죽과 바꾸거나 생선과 소금을 서로 바꾼다든가 하는, 서로에게 있고 없는 것을 융통하여 생계를 세워 가기 위한 것이었다. 그러니까 관리도 별로 할 일이 없을 정도로 한가했다.

그런데 약삭빠른 한 사나이가 있어, 그 시장에서 한 번 크게 벌이해 보려고 많은 상품을 가지고 와 둔덕이 깎아 세운 듯이 높은 곳[壟斷]에 자리를 잡았다. 그곳에서는 시장 안이 훤히 보이므로 장사하기에 유리했기 때문이다. 그는 이곳에서 값싼 물건을 내려다보고 바꾸어 큰 이익을 독점했다.

아무도 이익을 위해 행동하는 사람이 없는 곳에서 자리의 이점을 독점하여 장사했으므로, 장사는 잘되었다. 그 사나이는 그 뒤에도 늘 농단을 자기 것으로 하여 시장의 이익을 독차지했다. 사람들은 모두 그 사나이의 야비한 행동을 미워하여 그에게 세금을 내게 했다. 장사꾼에게 세금을 내게 하는 일은 여기서 비롯한 것이다.

맹자는 왕도정치의 실현을 위해 여러 나라를 편력하다가 제나라에도 몇 해 있었는데, 결국은 실망하여 고향으로 돌아가려 했다. 맹자가 떠난다는 말을 들은 선왕은 이 유명한 현인을 놓치고 싶지 않아 봉록을 훨씬 올려 그를 붙들어 놓으려 했다. 그러나 맹자는 자기 의견이 쓰이지도 않는데 많은 녹을 받고 붙어 있으면서 부를 독점하고 싶지 않다고 하며 이 '농단'에 관해 이야기하였다. 이리하여 '농단'은 폭리나 독점의 뜻으로 쓰이게 되었다.

—〈맹자〉 '진심하편'

읍참마속 泣斬馬謖

; 눈물을 머금고 마속의 목을 베다

촉나라 건흥 5년 3월, 제갈공명은 위나라를 치려고 삼군을 거느리고 성도를 떠나 북진하여 한중으로 나아가 여러 곳에서 위군을 격파했다. 그리고 그해 겨울 장안을 공격하려고 군사를 기산의 서북으로 몰아 위수의 서쪽에 진을 치고, 위의 대도독 조진의 군사 20만을 격파하여 위수로부터 후퇴하게 했다. 이때 위는 사마중달을 써서 새로 20만의 대군을 거느리고 공명의 침공을 막았다.

중달은 촉군을 막기 위해 기산에 부채꼴의 진을 쳤다. 그러나 그것을 쳐부술 공명의 작전은 이미 이루어져 있었다. 다만 상대가 조진을 대신한 중달이었던 만큼 공명으로서는 다만 한 곳 불안한 데가 있었다. 그것은 촉군 군량의 수송로가 되는 가정이라는 곳이었다. 만일 이곳을 위군에게 점령당하게 되면 전선의 촉군은 움직일 수가 없게 된다. 그러한 가정을 어떻게 지키고 누구를 시키느냐 하는 것이 공명의 걱정거리였다.

그때 스스로 그 일을 맡겠다고 나선 사람이 마속이었다. 마속은 재주가 남달라 공명이 은근히 친아우처럼 여기는 부하였다. 그러나 중달과 맞서 싸우기에는 그는 너무 젊다. 공명은 그것을 걱정했지만, 마속은 한사코 나서겠다는 것이었다.

"여러 해 동안 병법을 배워 가정 하나쯤 지키지 못하겠습니까.

만일 지게 된다면, 저는 말할 것도 없이 일가권속 모두가 군법을 받아도 조금도 원망하지 않겠습니다.”

“알겠다. 진중에 거짓말은 없는 것, 나아가 보라.”

공명의 허락을 받은 마속은 부장 왕평과 함께 가정으로 달렸다. 가정의 산은 삼면이 절벽이다. 공명의 명령은 산기슭 길을 사수하여 위군이 가까이 오지 못하게 하라는 것이었으나, 마속은 지형을 보고 적을 끌어들여서 역습하기에 가장 좋은 곳이라 생각했다. 그리하여 왕평의 말도 듣지 않고 산상에다 진을 쳤다. 그랬더니 위군이 산기슭을 포위하여 식수가 끊기게 되었다.

궁해진 마속이 전군을 이끌고 산에서 내려왔을 때, 산기슭에서 적과 싸우다 드디어 참패하고 말았다. 가정을 위군에게 빼앗긴 공명은 마속을 쓴 것을 후회했으나, 이미 그릇된 일이라 전군을 한중으로 후퇴시킬 수밖에 없었다.

건흥 6년 5월, 간신히 한중으로 전군을 후퇴시킨 공명은 패전의 책임을 물어 마속의 목을 베기로 했다. 그즈음 성도에서 와 있던 사자 장완은 마속과 같은 유능한 인물을 잃는 것은 국가의 손실이라고 말했지만, 공명은 듣지 않았다.

“마속은 아까운 사나이다. 그러나 그러한 사정은 그가 지은 죄보다 더 큰 죄요, 그를 목 베는 것은 국가의 손실이지만, 목 베지 않는 것은 국가에 더 큰 손실을 주게 될 것이다. 아까운 자를 베어 대의를 바로잡아야 한다.”

공명은 형리를 재촉하여 마속을 처단하게 하였다.

마속이 형장에 끌려가자, 공명은 옷자락으로 얼굴을 가리고 마루에 엎드려 울었다.

"마속이여, 나를 용서하라. 진정 죄는 나에게 있다. 나의 밝지 못함에 있는 것이다. 그러나 나는 이 목을 벨 수도 없구나. 왜냐하면, 살아서 촉을 위해 너의 죽음을 살릴 일을 해내지 않으면 안 되기 때문이다."

마속의 목은 진중에 공개되었다. 전군의 장사들은 누구나 다 공명의 심정을 알고 눈물지었다고 한다.

—〈삼국지〉, '촉지 제갈양전'

다다익익변 多多益益辨

; 많으면 많을수록 좋다

한나라 유방은 숙적 항우를 타도하여 천하를 통일했지만, 국가의 기초는 그것만으로는 안전하다 할 수 없었다. 유방 밑에서 항우와 싸운 맹장들이 이제는 한나라에 위험한 존재가 되고 있었다. 그들은 모두 유방을 위해서라는 충성보다는 자기의 천하를 꿈꾸며, 있는 힘을 다해 싸운 야심가들이었다. 아이러니하게도 한의 성립을 위해 크게 활약한 자일수록 더욱 위험한 사람이 되는 판이다.

그중에서도 가장 두드러진 사람이 초왕 한신이었다. 유방은 한신이 항우의 장수였던 종리매를 두둔해 주었다는 이유로 한신을 잡아 벼슬을 회음후(淮陰侯)로 낮추어 버렸다.

어느 날, 유방은 한신과 같이 여러 장수의 능력에 관해 이야기했다. 누구는 몇만의 군을 지휘할 힘이 있으나 누구는 그렇지 못하다는 둥, 등급을 정해 가는 중에 이야기가 자신들에 이르렀다.

유방이 한신에게 물었다.

"나는 대체 몇만쯤의 군의 장군이 될 수 있을꼬?"

"글쎄올시다. 폐하께서는 기껏 10만쯤이 아닌가 생각합니다."

"과연 그렇겠군. 그럼, 그대는?"

"저는 다다익익변이오라, 많으면 많을수록 좋습니다."

"허허허……."

유방은 한바탕 웃고 말했다.

"다다익익변이라면, 어째서 내게 붙잡혔을꼬?"

한신이 대답했다.

"그건 또 이야기가 다르지요. 폐하는 병졸의 대장이 되지는 못하오나, 대장의 대장이 될 수는 있습니다. 제가 폐하께 잡힌 까닭도 거기에 있습니다. 그리고 폐하의 힘은 하늘이 내리신 것이요, 사람의 힘으로써 따를 수 없는 것입니다."

이 이야기는 〈사기〉와 〈한서〉에 같이 기록된 것으로, 다만 〈사기〉에는 '변(辨)' 대신 '선(善)'으로 되어 있는 것이 다를 뿐이다. '다다익선'이란 말은 물론 여기서 나온 것이다.

—〈사기〉, 〈한서〉

당랑지부 螳螂之斧

; 사마귀의 도끼

당랑(螳螂; 사마귀)이 먹이를 노릴 때는 앞발을 머리 위에까지 쳐들고 덤비는 꼴이 도끼를 들고 내리치려는 것 같다. 벌레들의 세계에서는 그 도끼가 굉장히 무서운 것이겠지만, 제아무리 용감한 사마귀라 하더라도 저보다 강한 자에게 그런 도끼쯤 문제가 안 된다. 즉, '사마귀의 도끼'란 약자가 제힘과 실력을 모르고 함부로 강자에게 대드는 것을 말하는 것이다.

〈문선〉에는 진림이,

"조조는 이미 덕을 잃어 믿을 수 없으므로, 원소에게 돌아갈지라."

하는 뜻을 유비에게 적어 보낸 격문 가운데 조조군의 약한 모습을 풍자하여,

"당랑의 도끼로써 큰 수레의 바퀴를 막으려 하도다."

라고 말하고 있다.

또 〈장자〉의 '천지편'에는,

"여전히 당랑을 성내게 하여 그 팔로 수레바퀴에 대항하게 함은 곧, 반드시 그 임(任)에 이기지 못함이라."

고 쓰여 있다.

또 〈한시외전〉에는 이런 이야기가 있다.

어느 날 제나라의 장공이 사냥을 갔는데, 한 마리의 당랑이 짓밟히게 되어 있으면서도 앞발을 들어 장공이 타고 있는 수레바퀴를 치려 하고 있었다.

재빨리 이 광경을 본 장공은,

"오, 용감한 벌레로다. 저놈의 이름이 무엇인고?"

하고 부하에게 물었다.

"네, 저것은 당랑이라고 하는 벌레인데, 저 벌레는 앞으로 나아갈 줄만 알고 뒤로 물러설 줄을 모르오며, 제힘을 짐작하지 못하고 한결같이 적에 대항하는 놈이옵니다."

장공이 이 말을 듣고,

"이 벌레가 만약 사람이었다면, 그건 반드시 천하에 비길 것 없는 용사였으리라."

하고 수레를 돌려 일부러 당랑을 피해 갔다는 이야기다.

'당랑의 위(衛)'라는 말이 있는데, 이것도 대적에 덤비는 미약한 병비(兵備)를 가리키는 말이다.

도탄塗炭의 고苦
; 진흙과 숯불의 고통

요염한 미녀 매희와 함께 주지육림에 빠져 지낸 하의 걸왕은 은의 주왕과 함께 도리에 어긋나 나라를 망하게 한 제왕으로 '걸주(桀 紂)'라고 불린다.

걸왕의 포악한 정치에 반항하여 군사를 일으켜 걸왕의 대군을 명조산에서 격파하고 걸왕을 대신하여 천자의 자리에 오른 것이 은의 탕왕이다. 탕왕은 군사를 일으킬 즈음하여 영지의 군사들을 모아 놓고 출진의 맹세를 다음과 같이 했다.

"오라, 그대들 모두 내 말을 들어라. 우리는 구태여 난을 꾸밈이 아니요, 하의 죄를 묻고자 천명이 이를 치게 하심이라."

걸왕과 싸워 크게 이기고 개선했을 때, 탕왕은 다시 제후들에게 걸왕의 무도(無道)를 공격하여,

"하왕 덕을 멸하고 거칠고 사나운 위세를 휘둘러 그대들 만방의 백성에게 학정을 가했도다. 그대 만방의 백성 그 흉해를 입고 쑴 바귀와 해충의 괴로움에 견디지 못하여, 아무 죄 없이 당하는 괴로움을 천신과 땅의 신령에 고했도다. 하늘의 뜻은 항상 선에 복을 주고, 음에 재앙을 주는 것. 하늘은 하에 재앙을 내리고, 그 죄를 명백히 하셨다."

라고 격렬한 어조로 걸의 죄를 논하여, 천명이 하를 떠나 은에 내

리고 있다며 자신의 정당성을 증명하려 했다.

걸왕의 잔학함을 비난한 말은 이 밖에도 고전에 많이 나타나 있는데, 〈서경〉의 '중훼지고'에는,

"유하혼덕(有夏昏德)하며, 민이 도탄에 빠졌다."

라고 했다.

걸왕의 부덕과 잔학한 행위로 말미암아 백성들이 받은 심한 고난을, 여기서는 한 마디로 '민이 도탄에 빠졌다'라고 한 것이다. 오늘날 '도탄의 고'라는 말의 어원이 된 말이다. '도(塗)'는 진흙물, '탄(炭)'은 숯불로 물과 불의 고통을 의미한다.

—〈서경〉 '탕서편', '탕고편'

만가 輓歌

한나라 유방이 초의 항우를 해하에서 쳐부수고 즉위하여 한의 고조가 된 때의 일이다. 이보다 앞서 제나라 왕 전횡은 유방과 화친을 맺게 됐을 때 한신의 습격을 받아 유방의 사자인 역식기를 삶아 죽인 일이 있었으므로, 유방이 고조로 즉위하자 죽임을 당할까 두려워 부하 5백 명을 데리고 섬으로 피했다.

고조는 뒷날의 난을 두려워하여 그의 죄를 용서하고 그를 불렀다. 그러나 전횡은 낙양 가까이 왔을 때 포로가 되어 한왕을 섬길 일을 부끄러이 생각하고 스스로 목을 베어 목숨을 끊었다. 그의 잘린 머리를 가지고 고조에게 바치러 온 두 사람도 이내 전횡의 무덤에 들어가 스스로 목을 베었다. 바다 가운데 섬에 남은 5백 명의 부하들도 전횡의 절개를 추모하여 모두 목숨을 끊었다.

그즈음 전횡의 문하에 있던 한 사람이 두 장의 추모의 노래를 지었는데, 전횡이 자살하자 그 죽음을 슬퍼하여 그 노래를 불렀다. 그중 하나인 '해로가'라는 것은 이러했다.

부추 잎에 이슬은 마르기 쉬워도,
내일 아침 또다시 잎에 맺히리.
사람 죽어서 한 번 가면,

어느 때 다시금 돌아오리오.

이윽고 한조(漢祖)는 무를 숭상하고 글을 좋아하며 명군이라 일컫는 무제(武帝)의 시대로 바뀌었다. 무제는 악부라고 하는 국립음악원을 만들어 음악과 가요의 연구와 제작에 힘쓰며, 이연년을 그 총재로 임명했다.

이연년은 앞의 장을 나눠 두 가지 곡으로 만들어, '해로가'는 귀인의 장송곡으로 하고, 또 하나 '고리가'는 서민들의 장송곡으로 하여 관을 끄는 사람이 부르게 했다. 사람들은 그 노래를 '만가'라고 했다. 죽음을 슬퍼하는 말을 '만(輓)'이라고 부르게 된 것은 여기서 기인한 것이다.

〈진서〉 '예지'에는 만가는 본래 무제 때 노동자가 부른 노래였는데, 노래가 하도 슬퍼 듣는 이의 가슴을 치기 때문에 장사 지낼 때의 의식에 쓰이게 된 것이라고 했다.

그러나 만가의 기원은 전횡보다 더 오래된 것이라고 한다. 즉, 주의 경왕 36년, 노의 애공은 오나라 왕 부차와 더불어 제나라를 쳤다. 이때 맞서서 싸울 준비를 마친 제의 공손하가 종자양, 여구명 두 사람을 격려하여 말했다.

"필사의 각오로 싸우라."

싸움이 시작되려고 할 때, 공손하는 부하들에게 '우빈(虞殯)'을 노래 부르게 했다. '우빈'은 장사지낼 때 부르는 노래란 뜻으로, 지금의 만가였던 것이다. 슬픈 곡조의 우빈이 울려 퍼질 때야말로 필사 필승을 격려하는 것으로 생각하고, 두 사람은 용기를 내어 적에게로 달려갔을 것이다. 그러나 제나라 군사는 오와 노의 연합

군에게 크게 패하여 공손하, 여구명들은 포로가 되어 애공에게 바쳐지게 되었다. '우빈'은 그만 불길한 전조가 되고 만 셈이다.

만사휴의 萬事休矣

; 모든 일이 어찌할 도리가 없어지다

'만사휴의'란 말은 모든 방법이 다 헛되게 되어 어떻게도 해볼 길이 없을 때, 또는 뜻하지 않은 실패를 하여 되돌릴 길이 없을 때 흔히 쓰인다.

당나라 말년, 황소의 난리가 일어나 천하는 어지러울 대로 어지러워져 당의 명맥이 다하고, 송이 일어나기까지 50여 년 동안은 왕조가 다섯 번이나 바뀌었다. 게다가 지방에 할거한 작은 나라는 열이나 있어 항상 무력에 의한 싸움이 끊이지 않았으므로 군주란 무장 출신이 아니면 도둑이거나 이민족이었고, 처음에는 무력을 배경으로 군림하지만, 2, 3대에 가면 그 배경이 없어져서 대개 약해져 버리고 말았다. 더구나 작은 나라는 큰 나라의 보호를 받아 겨우 명을 이어 가는 것이어서 어떤 기생충처럼 한 숙주가 망하면 다음 숙주에게로 옮아가는 것이었다.

형남도 그러한 작은 나라였다. 첫 번째 왕 고계흥은 후량의 태종을 따르며 무공을 세운 적이 있어 형남의 절도사가 되었고, 다시 발해왕이 되었다. 후량이 망하고 후당의 세상이 되자 남평왕이 되었는데, 다시 명종으로부터 공격받자, 오에 붙었다.

그의 아들 종회는 약삭빠르고 계책 잘 꾸미는 사람으로, 다시 후당에 붙어 남평왕이 되었는데 남한, 민, 촉 등이 모두 제위에 오르자 스스로 그들의 신하라 칭하였으므로 여러 나라에서는 이를 천하게 여겨 '고무뢰(高無賴)'라 불렀다.

종회의 뒤는 아들 보용이, 그 뒤는 보용의 동생 보훈이 이어받았지만, 그때에는 후주도 망하고 송이 득세하여 보훈은 송나라를 따르고 있었다. 보훈은 어릴 때 종회의 사랑을 받았었는데, 누가 거짓으로 성낸 얼굴을 해 보이면 웃기를 잘했다. 그래서 형남의 사람들은 '만사휴의', 이젠 모두 끝났다고 생각했던 것이었다.

과연 그가 왕이 되자 굉장한 누각을 지어 백성의 피땀을 긁어냈고, 한편 음탕하기 그지없어 날마다 많은 여자를 모아 놓고 체격 좋은 사나이들을 골라 마음껏 여자들과 육체를 즐기게 해 놓고는 주렴 뒤에서 첩과 구경하는 것을 낙으로 삼았다.

정치는 어지러워지고 그가 죽자 이내 그 영토를 송에 바치고, 형남은 멸망해 버렸다. 고계흥이 형남에서 나라를 가진, 907년에서 983년까지 57년 동안이 이 작은 나라의 수명이었다.

—〈송사〉 '형남 고씨세가'

망국지음 亡國之音

주나라의 위세가 꺾이고 천하가 열두 개의 나라로 나뉘어 있던 춘추시대 때 이야기다. 위의 영공이 진나라에 가는 도중 복수 강가에 이르렀을 때, 일찍이 들어 보지 못한 새롭고 묘한 음악 소리를 들었다. 영공은 그 음색이나 넘어가는 가락이 이 세상 음악 같지 않게 묘하여 매우 감탄하였다. 그래서 함께 갔던 음악사에게 명령하여 거문고를 꺼내어 그 악보와 가사를 베끼게 했다.

이윽고 진나라에 도착한 영공은 자랑삼아 나그넷길에서 새로 안 음악이라면서 스스로 그 곡을 연주하여 진의 평공에게 들려주었다. 그 무렵 진나라에는 사광이라는 이름난 악사가 있었다. 그가 연주하면 학을 춤추게 하고 구름을 불러올 수도 있다고까지 하는 명인이었다. 위의 영공이 새로운 음악을 한다니, 그대도 와서 들어 보라는 평공의 말을 듣고 온 사광은 영공이 한창 신이 나서 거문고를 뜯고 있는 자리에 나타났다. 그 새 음악이라는 것을 들은 사광은 놀라 황급히 영공의 손을 눌러 붙들고 말했다.

"잠깐, 기다려 주십시오. 이것이 새로운 음악이라니, 당치 않은 말씀입니다. 이거야말로 망국의 음악이올시다."

그리고는 어리둥절해 있는 두 사람에게 사광은 그 까닭을 다음과 같이 이야기했다.

"옛날에 사연이라는 유명한 악사가 있었습니다. 은나라 주왕을 섬기며 왕을 위해 '신성백리(新聲百里)'라는 음란한 음악을 지어 바쳤는데, 왕은 그 음악에 반해 자주 연주하게 하여 즐겨 듣곤 했습니다. 그런 음악을 좋아하는 것으로 보아 그 왕의 인품도 알 만한 일입니다. 아시다시피 은나라 주왕은 악역무도한 탓으로, 주나라 무왕에게 망했습니다. 주왕을 잃은 사연은 악기를 안고 동쪽으로 도망하여 복수강 가에 가서 물에 뛰어들어 자살했다 합니다. 그래서 복수에 가면 그 음악을 듣게 된다고 하는데, 그것은 죽은 사연의 혼이 강물 위에 떠돌며 그 음악을 뜯고 있기 때문이라 합니다. 그러나 지나가는 사람들은 그것이 망국의 소리라 하여 귀를 막고 지나갑니다. 새로운 음악이라니 당치 않은 말씀입니다. 제발 그만두시옵소서."

이야기를 들은 영공과 평공은 매우 놀라 다시는 연주하지 않았다고 한다.

―〈한비자〉 '십과편'

문전성시 門前成市

후한의 성제라고 하면, 유명한 중국 고대 언어학자 양웅에게 연구비를 주어 〈방언〉을 완성케 한 황제이지만, 그가 죽고 다음의 애제가 서자 조정의 실권은 왕 씨 일족으로부터 부 씨(애제의 조모), 정 씨 일족의 손으로 옮겨져 부희, 정명 등이 왕망을 쫓고 군정의 실권을 쥐는 대사마가 되었다. 젊은 애제는 정치를 외척에게 맡기고 동현이라는 살결이 흰 미청년을 사랑하여 딴생각이 없었다.

　이러한 애제에게 정숭(鄭崇)은 간하는 말을 아끼지 않았다. 정숭의 부친 정빈은 법률에 밝고 어사의 자리에 있었다. 동생 정입이 부희와 동학이었기에 부희가 대사마가 되자, 정숭을 추천하여 상서복사에 앉게 했다.

　정숭은 외척들의 전횡을 보다 못해 가끔 애제를 뵙고 간곡히 간했다. 애제도 처음에는 그의 말에 귀를 기울였었다. 그러나 애제의 총애가 점차 지나치게 되자 더 이상 간하는 말을 듣지 않게 되었다. 오히려 간언 때문에 죄를 얻는 일도 일어났다.

　그럴 즈음 정숭은 병이 나서 사직하고 싶어 하면서도 차마 그러지도 못하고 있었다. 그 당시 조창이라는 상서령이 있었다. 남을 모함하여 아첨하기 잘하는 사람이었다. 전부터 정숭을 싫어하던 그는 정숭이 애제로부터 멀어져 있음을 알고 고소하게 생각했다.

그는 엉뚱하게,

"정승은 종족(宗族)과 내통하니, 아마 간음하는 일도 있을 것이오."

하고 애제에게 정승을 모함했다.

애제는 곧 정승을 불러 꾸짖었다.

"그대의 문은 저자와 같다(아첨하러 오는 사람이 많다는 뜻)."

그러자 정승은 이렇게 대답했다.

"신의 문은 저자와 같사오나 신의 마음은 물과 같사옵니다(저의 집에는 아첨하러 오는 사람이 저자를 이루오나, 신의 마음은 물과 같이 깨끗합니다)."

그리고는 '다시 한번 조사해 주십시오'하고 말끝을 맺었다.

애제는 노하여 정승을 옥에 가두었다. 손보(孫寶)가 상서를 올려 조창의 참언을 공격하며 정승을 변호했으나, 애제는 손보까지 서인으로 내리고, 정승은 기어이 옥사했다.

같은 뜻으로 '문정여시(門庭如市)'가 있다. 〈전국책〉에 '뭇 신하가 간하러 들어와 문과 뜰이 저자와 같다'라고 한 말 역시 간언과 관계가 있는 말이다.

—〈손보전〉, 〈정숭전〉

미봉 彌縫

; 떨어진 곳을 꿰매다

춘추시대 초기, 주나라의 환왕 13년 가을. 환왕은 약해진 세력을 다시 한번 일으켜 보려고 생각하고 있었다. 마침 그때 정나라의 장공(莊公)은 한창 일어나는 기세로 주왕쯤 문제시하지도 않는 기색이었다. 그래서 환왕은 장공을 토벌하여 명예를 회복했던 것이다.

이보다 앞서 환왕은 장공으로부터 왕조의 벼슬아치로서 맡겨 두었던 실권을 박탈하였다. 이에 분개한 장공은 왕을 뵙지 않게 되었지만, 환왕으로서는 그걸 미끼로 하여 토벌군을 일으켜 제후 국들의 참전을 명령했다. 왕의 명령을 받고 여러 나라 군대가 모여들었다. 환왕은 스스로 토벌군의 장수가 되어 정나라를 쳤다. 천자의 몸으로 직접 군대를 인솔하고 토벌에 나선 사람은 춘추 240년 동안에 오직 이 환왕뿐이었다.

한편 장공은 환왕의 토벌에 즈음하여 드디어 올 것이 왔다고 생각했다. 이미 잃어버린 실권에 대해서는 참을 수 있을지언정 토벌의 미끼는 될 수 없다고 하여 단호히 토벌군을 맞아 싸울 각오를 했다.

토벌군은 왕 스스로 중앙군을 지휘하고 왕의 경사 괵공림부가 우익군의 장이 되고, 채와 위의 군이 이에 따랐다. 주공 흑견은 좌

익군의 장이 되어 진군이 이에 속했다. 이러한 왕군의 배치를 본 정나라의 공자 원은 장공에게 진언하기를,

"진의 나라 안은 어지러워져 있으므로 그들에게는 싸울 만한 힘이 약합니다. 그러므로 제일 먼저 진군을 치면 반드시 패해 달아날 것입니다. 그렇게 되면 중앙군은 혼란을 일으켜 채와 위의 우익군도 지탱하지 못하여 퇴각하게 될 것이니, 그때 중앙군을 치시면 성공은 의심할 수 없습니다."

라고 했다.

장공은 이 의견에 따라 만백을 우익, 채중을 좌익으로 하여, 스스로 여러 장군을 거느리고 중앙군이 되었다. 이때의 진에 대해서 〈좌전(左傳)〉에는 다음과 같이 쓰여 있다.

"원형의 진을 만들어 전차를 선진(先陣)으로 하고 보병을 후진으로 하여, 전차의 간격을 미봉(彌縫)했다."

'미봉'은 곧 꿰맨다거나 보충하여 메운다는 뜻이다.

이들은 정나라의 땅 유갈이라는 곳에서 맞붙어 싸웠는데, 장공은 좌우익 군에게,

"본진의 깃발이 움직이거든 북을 치며 진격하라."

고 명령했다.

정에서 취한 전략은 성공했다. 채·위·진의 군사는 패해 달아나고, 왕의 군대는 혼란에 빠졌다. 정의 군대는 한달음에 왕군을 공격하여 이를 크게 쳐부수었다. 이 전투에서 왕은 어깨에 화살을 맞았는데, 패하고도 달아나지 않고 군사를 정리하여 그 자리에 머

물러 있었다.

이를 추격하려는 부하를 말리며 장공은 이렇게 말했다.

"군자는 끝까지 쳐들어가서 남을 이겨내려 하는 것이 아니다. 하물며 천자를 이겨내어서는 안 된다. 본시 목적이 자위에 있었으므로, 나라의 안전이 보장되면 그것으로 충분하다."

그날 밤 장공은 채중을 왕의 진에 파견하여 왕의 노고를 위로했다고 한다. 이 싸움으로 장공의 이름은 천하에 높아지고, 뒤에 제나라 환공에 의해 실현된 '패자'의 길을 터놓게 된 것이다.

—〈좌전〉

백미 | 白眉

위, 오, 촉의 세 나라가 서로 세력을 다투던 삼국시대의 일이다. 촉 나라에 마양(馬良)이라는 이름난 참모가 있었다. 마양은 호북성 출신으로, 유비가 촉한의 소열제가 되자 시중에 임명되었다. 소열제는 마양에게 명령하여 남쪽의 오랑캐들을 타이르게 했는데, 마양은 세 치의 혀로서 곧잘 그들을 설득해 부하로 삼는 데 성공한 인재였다.

이 마양에게는 다섯 형제가 있었는데, 모두 자(字)에 상(常)자가 들어 있어서 '마 씨의 오상(五常)'이라고 불렸다. 다섯 형제가 한결같이 영특하고 학문을 잘하여 평판이 높았다. 그중에서도 마양은 가장 뛰어난 인물이어서 사람들은,

"마 씨의 오상은 다 훌륭하지만, 그중에서도 백미(白眉)는 가장 뛰어난 인물이야."

라고 마양을 칭찬했다. 여기서 '백미'는, 마양이 어릴 때부터 눈썹에 흰 털이 있어서 별명으로 불리어 온 것이다. 그 후 '백미'라 하면, 여럿 가운데서 특히 뛰어난 사람을 가리키는 말이 되었다.

마양의 주군인 유비는 위, 오 두 나라를 정복하고 한실의 부흥을 유일한 소원으로 하여 두 나라와 격렬한 싸움을 계속했었다. 마양도 유비를 따라 싸움터에서 곧잘 큰 공을 세웠는데, 뒤에 제

갈공명이 나서고부터는 촉나라의 국위도 크게 떨쳐 그 세력은 위와 오를 능히 누르게 되었다.

그러나 유비에게도 실패는 있었다. 장무 3년, 무협에서 오군과의 싸움이 반년에 걸쳐 교착 상태에 있는 것을 초조히 여겨, 참모인 공명에게 의논도 하지 않고 자기 마음대로 군사들을 진군시켜 크게 패했다. 마양도 이 전투에서 전사하고 말았다.

이 패전이 상처가 되어 유비는 이듬해 4월 공명에게,

"만약 태자 유선이 어리석은 자이거든, 그대가 대신 제위에 앉아 주기 바라오."

라는 유언을 남기고 죽었다.

뒷일을 부탁받은 공명은 유선을 잘 도와서 두 적국과 싸웠다. 그 후에 공명은 위를 치기 위해 3군을 거느리고 북방으로 진출했다. 그때 중요한 촉군의 수송로인 두 성의 수비를 맡고 나선 것은 마양의 아우 마속(馬謖)이었다. 마속은 공명이 대성을 바라면서 아우처럼 사랑한 부하였다. 그러나 젊은 마속은 적장 사마중달을 이기지 못하고 전법을 잘못 써서 싸움에 크게 패하고 말았다.

법삼장 法三章

한의 원년 10월, 유방은 진나라 군사를 쳐부수고 패상 근처에 이르렀다. 진왕 자영은 스스로 나와서 항복하여, 진은 드디어 멸망했다. 유방은 함양(진의 서울)에 입성했다. 이제야말로 숙원을 이룬 것이다. 유방은 진의 호화스러운 궁전에 들어가서 산같이 쌓인 재물과 보석, 수천 명의 미녀를 보자 거기서 떠나고 싶지 않았다. 그러나 번쾌가,

"이 재물과 미녀의 무리야말로 진이 멸망한 원인임을 말해 주고 있지 않습니까? 여기 머무르시면 안 됩니다."

라고 간했고, 장량도,

"이렇게까지 될 수 있었다는 것은 진나라가 무도했기 때문입니다. 그런 것을 보고 머물러 계시여 즐기신다면, 진의 전철을 밟는 거나 다름이 없습니다. 아무쪼록 번쾌의 말을 들으시길 바랍니다."

라고 말했다.

유방은 드디어 재물과 미녀에 손대지 않고 물건에 봉인해 둔 후 패상에 돌아와 진을 쳤다. 그리고는 각 현의 호걸들을 불러 놓고 말했다.

"그대들은 오랫동안 진의 가혹한 법률 때문에 괴로움을 당해 왔

다. 나는 그대들을 위해 그 해로움을 제거하러 여기 온 것이요, 횡
포한 짓을 할 생각은 없는 터이니 안심하라. 그리고 나는 그대들
에게 약속하노니, 법은 3장만을 두고 그 밖의 것은 모조리 폐기한
다. 즉, 사람을 죽인 자는 사형에 처하고, 사람을 해친 자는 그 정
도에 따라 처벌하며, 남의 재물을 훔친 자 역시 그 정도에 따라 벌
하는 세 가지다."

　이 말을 들은 진의 백성들은 진심으로 유방이 진왕이 되기를 원
했다.

―〈사기〉 '고조본기 유후세가'

복수불반분 覆水不返盆

; 엎지른 물은 다시 주워 담기 어렵다

주나라 서백(西伯; 문왕)이 어느 날 사냥을 나가려고 점을 쳐 보았더니,

"잡히는 것은 용이 아니요, 이무기도 아니며, 곰이 아니요, 범도 아니며, 얻는 것은 패왕의 보필이리라."

고 했다.

과연 사냥에 나가 말을 달려 산과 들을 돌아다녀도 짐승이라곤 한 마리도 잡히지 않고, 어느덧 위수 물가에 이르렀다. 강가에서 가난해 보이는 한 노인이 낚시를 물에 담그고 앉아 있는 걸보았다. 말을 걸어 보니, 하는 대답이 훌륭하여 큰 인물임을 짐작게 했다. 서백은 이분이야말로 오늘 점괘에 나온 그 사람이라 생각하고,

"저의 부친은 언젠가 성인이 나타나시어 주나라를 흥하게 해 주실 거라고 기다리셨는데, 그 성인이 곧 당신이올시다. 아무쪼록 저를 위해 스승이 되어 이끌어 주시기 바랍니다."

하며, 그 노인을 수레에 모셔 왕궁으로 데려왔다.

이리하여 그 노인 여상(呂尙)은 문왕의 스승이 되어 주나라의 번영을 가져오게 했는데, 태공(太公)이 기다리고 바라던 사람이라 하여 태공망(太公望)이라 불렸다.

이 태공망 여상이 아직 젊었을 때의 일이다. 그는 마 씨의 딸을 아내로 얻었는데, 남편인 그는 매일 집안에 들어앉아 글공부만 할 뿐 밖에 나가 일하지 않았다. 본시 넉넉한 집안도 아닌 터라 공부만 하고서는 먹고 살길이 없었다. 여상이 벌이하지 않는 한 생활은 곤궁할 수밖에 없는데, 그는 날마다 글 읽기에만 정신이 팔렸다. 아내 마 씨는 한 푼 생기지도 않는 책만 읽고 있는 남편이 싫어져서,

"나는 더 이상 이 집에 있을 수 없으니 오늘로 떠나겠소."

하며 스스로 이혼을 청해 친정으로 돌아가 버렸다. 아내를 잃은 여상은 그래도 가난을 참으며 학식을 쌓아 드디어 서백의 스승이 되었고, 나중에는 제후로서 제나라의 임금이 되었다.

이렇게 공을 세우고 이름이 높아진 여상에게 어느 날 홀연히 마 씨가 찾아와서 말했다.

"그 전날 당신은 끼니도 어려운 가난한 살림이라 잠시 떠나있었습니다마는, 이제는 이렇게 출세하셨으니 저를 아내로 옆에 있게 해 주시오."

여상은 아무 대답도 하지 않고 물 한 그릇을 떠 와 땅에 붓고는, 마 씨에게 빈 그릇을 주며 땅에 쏟은 물을 도로 그릇에 담으라고 했다. 의아하게 생각하며 마 씨가 물을 도로 담으려 하나, 물은 땅에 배어들어 버리고 진흙이 담길 뿐이었다.

이때 여상은 말했다.

"한 번 엎질러진 물은 본디 그릇에 돌아오게 할 수 없고, 한 번 헤어진 사람은 다시 같이 살 수 없는 것이오."

즉, 한 번 이혼한 아내는 본 남편에게 돌아올 수 없다는 뜻이지

만, '국가의 일이 어찌 쉬우리오. 엎지른 물은 그릇에 돌아오지 않으니, 이를 깊이 잘 생각할지라'라든가, '비는 하늘로 올라가지 않고, 엎지른 물은 다시 담기 어렵다'라는 등 한 번 끝난 일은 다시 고치기 어렵다는 뜻으로 쓰이고 있다.

—〈습유기〉

분서갱유 焚書坑儒

; 책을 불사르고 유학자를 구덩이에 묻다

진나라 시황제는 이미 천하 통일의 대업을 이루고 봉건제도를 폐지하여, 제국을 군과 현으로 나누어 비로소 중앙집권의 1대 제국을 만들어 스스로 황제라 칭하며, 그 제왕의 자리를 만세에 전하려 하고 있었다.

시황제 34년, 뭇 신하를 모아 함양궁에서 주연을 베풀었을 때, 박사 순우월이 나아가 제왕에게 아뢰었다.

"은과 주의 두 대가 일천여 년 동안이나 왕위를 이어 가게 된 것도 왕족과 공신을 제후에 봉하여 왕실의 울타리로 삼았기 때문이라 듣고 있습니다. 그런데 지금 폐하께서는 군현제를 취하셨기 때문에 왕족이라 할지라도 일개 신하에 지나지 않습니다. 이래서는 만약 제나라 전상(田常; 그의 임금 관공을 죽였음)이나 진나라의 육경(六卿) 같은, 황실을 뒤엎으려는 불충의 신하가 있다고 해도 울타리가 되어 돕는 자가 없으면, 그 누가 황실을 구할 수 있사오리까. 모든 일에 옛일을 거울삼지 않고는 국가의 장구함을 기하기는 어려운 줄 아옵니다."

시황제가 여러 신하에게 이 의견에 관해 물었다. 이때 군현제를 주장한 승상 이사는 이렇게 말했다.

"옛날에는 천하가 어지러워 이를 통일할 사람이 없고, 군웅이 할거하여 제후가 서로 치고 막기를 거듭하고 있었습니다만, 이제 천하가 안정되고 법률과 정령이 모두 지켜져 세상은 안정되어 있습니다. 그런데, 인제 와서 그 배운 학문을 존중하여 정부의 법률, 문교 정책을 비방하고, 조정에 나와서는 입을 다물고 있으면서 항간에 나와서는 이를 논란하고, 더구나 문하생들로 도당을 꾸미는 자가 있습니다. 그러한 무리를 그냥 두는 일이야말로 임금의 위엄을 손상하고 장래의 화근을 남기는 것이옵니다. 소신은 감히 말씀드립니다. 지금 사민필수(四民必須)의 의약, 복서(卜筮), 농경의 책과 진의 기록을 제외한 서(書), 시서(詩書)에서 제자백가에 이르는 책들을 불태우게 하시라고[焚書]. 시서를 논하는 자는 기시(棄市; 사형을 하여 그 시체를 내걸어 놓음)의 형에 처하고, 옛날 일에 견주어 오늘 일을 비방하는 자는 일족을 멸하며, 또 이상의 금령을 범한 자를 알고도 검거하지 않은 관리도 같은 죄로 다스립니다. 또 명령이 나온 지 30일이 지나도록 책을 불사르지 않은 자는 몸에 자청(刺靑; 살갗에 바늘을 찔러 먹물로 글씨나 무늬 등을 물들임)하여 부역의 형에 처하도록 엄명하시기를 바라는 바이옵니다."

시황제는 이 말을 옳다고 하여 이사의 의견대로 각지의 귀중한 책들을 불 속에 넣게 했다.

그 당시의 책이란 지금과 같이 종이에 인쇄하여 대량으로 생산하는 것이 아니요, 대(竹) 조각 같은 것에 붓으로 써서 만든 것이라 한 번 잃으면 다시 구할 수 없는 것이 많았다. 근세에 독일의 히틀러가 분서를 감행한 예가 있지만, 모두 인간 문화에 대한 반역으로 도저히 용서할 수 없는 죄악이다.

시황제는 전부터 불로장생을 원하여 신선술에 빠져 많은 도사를 불러 모았다. 그중에서도 노생과 후생이라는 사람을 믿어 왔는데, 이 두 사람은 벌이할 만큼 한 다음에는 황제의 부덕을 흉보고 함양을 빠져나가 도망쳐 버렸다. 시황제는 크게 노해 '그렇게 위해 준 자들이 나를 욕하는 것을 보면, 함양의 학자들은 더구나 말할 나위도 없을 것이다'하고 곧 사람을 놓아 시중을 염탐하게 하니, 과연 조정을 비난하는 학자들이 있음이 드러났다.

이 사람들을 잡아 엄하게 문초하니, 모두 죄를 남에게 전가하였다. 이에 연루자 460명을 잡아 모조리 산 채로 구덩이에 묻어 널리 천하에 알렸다. 이 구덩이에 처넣어 죽임을 당한 사람이 거의 모두 유학자들이었으므로, 이 포학을 '갱유(坑儒)'라고 불렀다.

—〈사기〉'진시황기'

삼인시호 三人市虎

; 거짓말도 여럿이 하면 사실로 받아들여진다

전국시대 위나라의 혜왕은 특출한 명군은 아니었지만, 꽤 일화가 많은 왕이었다. 맹자가 이 왕에게 아무리 왕도를 말해도 이해하지 못한 그의 이야기는 〈맹자〉의 '양혜왕편'에 많이 나와 있다. 위가 이 혜왕 때 서쪽 진나라의 압박을 견디다 못해 동쪽에 있는 양으로 도읍을 옮겼기 때문에 위를 양이라고도 부르는 것이다.

'삼인시호'라는 고사도 이 혜왕이 주인공이다.

방총이라는 사람이 위의 태자와 함께 한단으로 인질이 되어 가게 되었을 때 방총이 혜왕에게 아뢰었다.

"여기 한 사람이 저자에 호랑이가 나왔소, 하고 말한다면 임금께서는 그 말을 믿겠나이까?"

"누가 그런 말을 믿을 것인고!"

"그럼 두 사람이 똑같이 저자에 호랑이가 나왔다고 한다면, 어떠하시겠습니까?"

"역시 의심하지 않을 수 없겠는데……."

"만약 세 사람이 같은 말을 한다면, 임금께서는 믿으시겠나이까?"

"그렇게 되면 믿을 수밖에 없지."

"저자에 호랑이가 나타난다는 일은 있을 수 없는 일이옵니다.

그런데 세 사람이 그런 소리를 하게 되면 저자에 정말 호랑이가 나온 것으로 되어 버립니다. 저희는 이제부터 양으로 떠나 한단으로 가게 되었으나, 한단은 양에서는 저자보다 아주 먼 곳이옵니다. 더구나 저희가 떠난 후에 저에 대해서 이러니저러니 할 사람은 세 사람뿐이 아니고 더 많을 것인데, 임금께서는 부디 귀담아 듣지 말아 주시기 바랍니다."

"안심하라. 나는 내 눈으로 보기 전에는 어떤 소리도 믿지 않을 것이다."

방총이 위를 떠나고 나자 곧 왕에게 참언하는 자가 나타났다.

우려한 대로, 간신들의 참언으로 왕의 의심을 산 방총은 인질에서 풀리고도 위로 돌아오지 못했다. '말'이란 무서운 것이다. 이치에 맞지 않는 일이 사실인 것처럼 소문이 나고, 그런 만들어진 거짓만이 사실처럼 행세하기도 하는 세상이다.

―〈전국책〉 '위'

식지食指가 움직이다

주나라의 정왕 2년, 초나라 사람이 커다란 자라를 정나라 영공에게 바쳤다. 공자 자송과 자가는 궁전에 들어가려 하고 있던 참이었는데, 이때 자공의 식지가 움직였다. 자공은 움직이는 제 손가락을 자가에게 보이며 말했다.

"나는 언제나 이 식지가 이렇게 움직일 때는 꼭 맛있는 음식을 먹게 되는데……."

과연 궁에 들어와 보니 요리사가 커다란 자라를 요리하려는 때였으므로 두 사람은 마주 보며 싱긋 웃었다.

영공이 웃는 까닭을 묻자, 자가가 이러이러한 일로 웃었다고 아뢰었다. 그런데 자공과 자가가 요리를 먹을 때쯤 하여 영공이 두 사람을 불러들였다. 자공에게 그 요리를 먹지 못하게 하기 위해서였다.

단지 식지가 움직이기만 하고 그 움직임이 무효로 돌아가게 하려는 장난에서 한 일이었건만, 자공은 화를 내며 손가락을 가마솥에 집어넣었다가 쪽 빨아 먹고는 휙 나가 버렸다.

영공은 크게 노하여 자공을 죽이려 했는데, 자공은 먼저 선수를 쓰기 위하여 자가와 상의했다. 그런데 자가는,

"늙은 개나 말도 죽이기 어려운 일인데, 어찌 주군을……."

하고 듣지 않았다.

그러자 자공은 자가를 영공에게 나쁘게 모함하리라고 협박했다. 자가는 두려움을 느껴 자공이 하자는 대로 했다. 이리하여 영공은 살해되었다.

대개 임금을 죽였을 때 임금의 이름이 크게 나와 있는 것은 임금이 무도하기 때문이요, 신하의 이름이 크게 나와 있는 것은 신하에게 죄가 있기 때문이다. 그러므로 이런 경우 군신이 함께 옳지 않았다는 것을 뜻하는 것이다.

여기서 비롯된 '식지가 움직인다'라는 말은 식욕이 일어난다는 것과 사물에 대해서 욕망을 느끼는 일에 쓰이고 있다.

—〈춘추〉

양두구육 羊頭狗肉

; 양의 머리를 내걸고 개고기를 판다

'양두구육'이란 말의 원형은 '양의 머리를 걸어 놓고 마박(馬脯; 말린 말고기)을 판다', 즉 상점 앞에 좋은 물건을 내걸어 놓고 나쁜 물건을 판다는 뜻으로, 간판에 거짓이 있음을 비유해서 쓰인다.

이는 후한의 광무제가 내린 조서 속에 보이는 말로, '양두를 걸고 마박을 팔고, 도척(盜跖; 큰 도둑의 이름)이 공자어(孔子語)를 한다'로 되어 있다. 즉, 가게에는 양의 머리를 걸어 놓고 실제 파는 것은 말고기 말린 것이요, 도척이 공자의 말씀을 한다는 뜻이다.

도척은 춘추시대의 유명한 대도. 그의 형 유하혜는 공자와 맹자가 칭찬한 훌륭한 인물이었으나, 동생인 그는 수천 명의 부하를 거느리고 천하를 시끄럽게 하며 그러고도 유유히 천수를 다했다 하여 사마천을 탄식하게 한 사나이다.

도적질하러 들어갈 때 먼저 들어가는 것은 '용(勇)'이요, 맨 뒤에 나오는 것은 '의(義)'라는 등 큰소리를 치기도 하였다. 진정 간판에 거짓이 있다는 말 그대로요, '용'과 '의'가 울 지경이었다.

도척과 같은 춘추시대의 제나라 사람으로 영공, 장공, 경공을 섬기던 유명한 신하 안자(晏子)의 일화를 모아 엮은 〈안자춘추〉에도 같은 뜻의 말이 있는데, 다만 조금 표현이 다르다. '소머리를 문에 걸고 말고기를 판다'는 것이다. 이 말에 관한 이야기는 이러하다.

제나라의 영공은 남자 복색을 한 여자를 좋아하여 궁중의 여자들에게 남자 옷을 입혀 놓는 것을 좋아했다. 그런데 그것이 크게 유행하여 일반 여자들까지도 모두 남자 옷을 입게 되었다. 영공은 곧 엄한 영을 내려 이를 금했다. 그러나 궁중에서만은 여전히 남장미인을 바라보며 즐거워했다.

금지 명령이 효과가 나타나지 않음을 보고 영공은,

"금령(禁令)의 효과가 없는 것은 웬일인가?"

하고 신하에게 물었다. 그러자 안자가 대답했다.

"임금이 안에서는 이를 입히고 밖에서는 금하시니, 바로 소머리를 문에 걸고 말고기를 안에서 파는 것과 같사옵니다."

금령의 간판에 거짓이 있다는 뜻이었다. '소머리'를 '소 뼈다귀'라고 한 말도 있다. 출처는 전한 말의 황제 성제를 섬긴 유향이라는 사람이 엮은 〈일문쇄사집〉 '설원'의 '이정편'이다. '우골(牛骨)을 문에 걸고 말고기를 안에서 파는 것과 같으니라'하는 것이 그것이다.

—〈후한서〉'광무제'

역린 逆鱗

; 거꾸로 난 비늘, 임금의 분노

용은 불가사의한 힘을 가졌다고 하는 상상의 동물이다. 봉(鳳), 인(鱗), 거북과 함께 사령(四靈; 네 가지 신령스러운 것)이라 부른다. 용은 비늘 있는 것의 으뜸이요, 마음대로 구름을 일으키고 비를 부른다고 한다. 그래서 중국에서는 임금을 높여서 용에 비하기도 했다. 용에 관한 이야기가 많은데 이 이야기도 그중의 하나이다.

한비는 전국시대 사람이다. 그리고 현실주의적인 '접가(法家)'의 대표자이기도 했다. 어디가 어디와 결합하고 어디와 싸우는 것인지도 명백하지 않은 혼란스러운 전국시대, 임금과 신하가 서로 의심하며 틈만 있으면 서로 쓰러뜨리는 사회, 한비는 이것을 예리한 눈으로 보고 있었다.

그는 진나라에 붙들려 있을 때 이사의 계략에 걸려 독약을 마시고 자살했다고 하지만, 이 세상에 〈한비자〉라는 저서를 남겼다. 이 책에서는 그렇듯 어지러운 전국시대의 숨결이 풍기는데, '세난편'에서 그는 이렇게 말하고 있다.

"용은 상냥한 동물이다. 길들면 타고 다닐 수도 있을 정도다. 그러나 그 목 아래에 길이가 한 자나 되는 거꾸로 난 비늘[逆鱗]이

한 장 있는데, 만일 이 비늘을 건드리는 자가 있을 때는 용은 반드시 그 사람을 죽여 버린다. 군주에게도 이 역린이 있는 것이다 ……."

그러므로 조심하지 않으면 안 된다고 했다. 여기에서 군주를 성나게 하는 것을 '역린을 건드렸다'라고 하게 되었다.

—〈한비자〉'세난편'

옻칠하고 숯을 삼키다

춘추 말기에 진나라 왕실은 왕년의 패자다운 면목을 모조리 잃고 나라의 실권은 지백, 조, 한, 위 등의 공경(公卿)에게 옮겨 가 버렸다. 그리고 공경들은 세력 다툼에 정신이 쏠려 있었다. 그 가운데서 가장 강력한 것은 지백이었다. 그는 한과 위를 구슬려 조를 쳐부수자고 설득하여 드디어 싸움을 벌였다.

그때 조의 양자는 진양에 진을 치고 항복하지 않고 버텼다. 지백은 드디어 진양성을 물로 공격하여 괴롭혔는데, 함락 직전에 한, 위 양군이 반기를 들어 도리어 죽임을 당하고 말았다.

지백의 신하 중에 예양이란 자가 있어서 지백이 죽은 후, 원수를 갚으려고 조의 양자의 생명을 노렸다. 맨 먼저 예양은 죄수처럼 몸을 파리하게 만들어 궁전의 미장 공사에 섞여 들어갔다. 그리고는 양자가 뒷간에 들어갔을 때 찔러 죽이려다가 붙들렸다.

무엇 때문에 이런 짓을 했느냐고 까닭을 물었을 때 예양은 이렇게 대답했다.

"지백은 나를 국사로 대접해 주었다. 따라서 나도 국사로서 보답하려 한 것이다."

양자는 그를 충신이요, 의사라 하여 그 죄를 용서해 주었다. 그러나 그 후에도 예양은 복수의 귀신처럼 양자를 죽이기 위해 기회를 엿보았다.

예양은 상대에게 몸을 속이기 위해 몸에 옻칠하여 문둥병자처럼 하고, 숯을 삼켜 벙어리가 되어(몸에 옻을 칠하면 옻이 올라 나병환자같이 되고, 숯을 먹으면 목소리가 찌그러져서 벙어리 같이 된다) 거리에서 구걸하며 양자의 동정을 살폈다. 그의 모습은 너무나 변해서 그의 아내도 그를 알아보지 못했다고 한다.

단 한 사람, 그의 친구가 그를 알아보고 조용히 권했다.

"원수를 갚는 것도 달리 편한 방법이 있지 않겠는가. 가령, 양자의 신하가 되어 기회를 엿보는 것이 더 좋을 것이네."

그러나 예양은,

"그건 역시 두 마음을 갖는 일이야. 내가 하려는 일이 아무리 어렵다고 해도 후세 사람에게 두 마음을 먹지 않는다는 것이 어떤 것인가를 보여 주고 싶네."

라고 말하고 여전히 복수의 기회를 노리고 있었다.

어느 날, 다리 밑에 숨어서 그곳을 지나게 되어 있는 양자를 기다리고 있었다. 양자가 다리목 가까이 오자 말이 걸음을 멈추고 나아가지 않았다. 이상히 생각한 양자가 부하들을 시켜 사방을 수색하여 거지꼴을 한 예양을 찾아냈다.

양자는,

"그대는 이미 옛 주인에게 할 일은 다 한 셈이요, 나도 그대에게 충분히 예를 다했다고 생각하는데, 여전히 내 목숨을 노리니 이제는 용서할 수 없다!"

고 하고, 부하를 시켜 죽이라 했다.

예양은 마지막 소원이라며, 양자에게 입고 있는 의복을 잠시 빌려 달라고 했다. 양자가 윗옷을 벗어 주니, 예양은 품에서 비수를 꺼내어 그 옷에 덤벼들기를 세 번.

"지백님! 이제 원수를 갚았사옵니다."

하고 소리치고는 비수로 몸을 찌르고 스스로 목숨을 거두었다.

—〈사기〉 '자객전'

와신상담 臥薪嘗膽

주나라 경왕 24년, 오왕 합려는 월왕 구천과 싸우다가 월군의 계략에 걸려 패했다. 그때 합려는 적의 화살에 손가락을 다쳤는데, 패주하는 가운데서 충분한 치료도 하지 못하고 간신히 형이라는 곳까지 도망쳐 왔는데, 갑자기 상처가 악화하여 죽고 말았다.

임종 때 그는 태자 부차에게 반드시 월에 복수하여 자기의 원수를 갚으라고 유언했다.

아버지의 뒤를 이어 오왕이 된 부차의 귀에는 항상 임종 때의 부친 유언이 들리는 것 같고, 눈에는 부친의 원통해 하던 모습이 보이는 것 같았다. 그는 어떻게 해서든지 아버지의 원수를 갚고야 말리라는 굳은 결심으로 밤마다 섶 위에서 자며[臥薪], 부친의 유한(遺恨)을 새로이 하고는 복수의 마음을 칼날같이 했다.

그는 또 자기 방에 출입하는 사람에게는 반드시 부친의 유명을 소리 내어 말하게 하였다.

"부차여, 네 아비를 죽인 자는 월왕 구천임을 잊지 말라."

"예, 절대 잊지 않겠습니다. 3년 안으로 반드시 복수하리다!"

부차는 그럴 때마다 이렇게 대답하였다. 이 말은 숨이 넘어가는 부친에게 한 말과 꼭 같은 말이었다. 이리하여 그는 밤이나 낮이나 복수를 맹세하고 오로지 병사들을 훈련해 때가 오기만 기다렸다.

월왕 구천은 부차의 결심을 듣고는 선수를 쳐서 오를 치려고 신하들의 간언도 듣지 않고 전쟁을 시작했다. 부차는 곧 이에 응전하여 두 나라의 군사는 오의 부초산에서 한바탕 결전을 벌였다. 그러나 월나라 군사는 부차의 굳은 복수의 일념으로 단련시킨 오나라 군사에게 역부족으로 크게 패하고 말았다. 구천은 남은 군사를 이끌고 간신히 외계산에 숨었다. 오군은 추격하여 그 산을 포위했다. 진퇴양난에 빠진 구천은 나라를 버리고 오왕의 신하가 되기를 약속하고 항복하였다. 싸우다 죽기는 쉬우나 죽으면 그만이다, 월을 다시 일으키기 위해서는 살아서 치욕을 참을 수밖에 없다는 신하들의 충언에 따른 것이었다.

월왕 구천을 항복시킨 오왕 부차는 승자의 금도(襟道)로써 구천을 용서했다. 구천은 고국에 돌아갈 수는 있었지만, 그 고국은 이제는 오의 속령이요, 스스로 오왕의 신하가 된 몸이다. 전에 부차가 섶 위에서 자며 죽은 부친의 유한을 되새겼듯이, 지금 구천은 항상 쓸개를 옆에 두고 앉아서나 누워서나 음식을 먹을 때나 그 쓰디쓴 맛을 핥으며[嘗膽], '회계의 치욕'을 되새겨 복수의 결심을 새로이 했다.

그는 스스로 논밭을 경작하고, 그의 부인은 스스로 베를 짜서 험한 옷, 험한 음식으로 만족하며 사람을 잘 써서 그들의 충언을 듣고 언제나 기운찬 생각으로 고난을 이기며 오직 국력의 재흥을 꾀했다. 그러나 복수는 쉽게 할 수 없었다. 구천이 회계산에서 오에 굴복한 지 12년 만에 오왕 부차는 황지 땅에 제후들을 모아 놓고 천하의 승자가 되었다. 부차는 득의(得意)의 절정에 있었다.

그때 오랫동안 은인자중하고 있던 구천은 부차의 부재를 틈타 오를 침공했다. 구천은 오의 군사를 물리쳤으나 아직 결정적인 타격을 주지는 못했다.

그 후 4년 뒤 구천은 다시 오를 침공했다. 입택에서 월군은 오군을 쳐서 대승하고 각지에서 오군을 패주케 했다. 그리고 2년 후 다시 입택에 집결한 월군은 오의 수도인 고서 가까이 쳐들어가 다음 해엔 드디어 오왕 부차를 고서성에서 포위하여 항복을 받았다.

가까스로 회계산의 치욕을 씻은 구천은 부차를 용동 땅으로 귀양을 보내어 거기서 여생을 지내도록 하려 했으나, 부차는 구천의 호의를 물리치고 깨끗이 자살했다.

구천은 다시 군사를 북으로 진군시켜 회하를 건너 제와 진의 제후와 서주에서 만나 오를 대신하여 천하의 패자가 되었다.

—〈십팔사략〉, 〈사기〉 '월세가'

정저지와 井底之蛙

; 우물 안 개구리

전한이 망하여 왕망이 신이라는 나라를 세우고, 뒤이어 후한이 일어날 즈음 마원(馬援)이라는 인재가 있었다. 마원의 선조는 전한의 무제 때부터 관리였다. 그에게는 형이 셋 있었는데, 모두 재능이 있어서 관리가 되었으나 마원만은 큰 뜻을 품고 한동안 관직에 나가지 않고 조상의 무덤을 지키고 있었다.

뒷날 그는 군장이 되어 죄인을 서울로 호송하다가 그 죄수가 너무나 가여워 호송 도중에 놓아 보내고 자기도 죄를 두려워하여 북방으로 망명했다. 후에 용서받아 농사와 목축에 종사하였는데, 오래지 않아 큰 부자가 되어 많은 식객을 거느리게 되었을 뿐만 아니라, 마원의 집안일을 돌보아 주는 것으로 생계를 이어가는 집들이 수백에 이르렀다.

마원은 말하기를 '마땅히 부자란 재물을 남에게 나누어 주는 사람이다. 그렇지 못하면 다만 수전노에 지나지 않는다'라고 하며 재산을 모두 가난한 사람들에게 나누어 주고 자기는 험한 옷을 입고 일하기에 바빴다.

왕망의 신나라가 망하고 후한이 일어나자 마원은 형인 원(員)과 함께 서울에 올라가서 관리가 되었다. 그런데 농서 감숙의 제후 외호는 마원의 인물됨에 반하여 그를 장군에 앉히고 무슨 일이든

그에게 의논했다.

그즈음 공손술은 촉나라 땅에서 제(帝)라 일컫고 있었다. 외호는 공손술이란 사람이 대체 어떤 인물인가 궁금하여 마원으로 하여금 가서 보고 오게 했다.

마원은 공손술과는 같은 고향 친구였으므로 찾아가기만 하면 달려와서 손을 잡고 반가워해 주리라 생각하고 즐거운 마음으로 촉으로 갔다. 그러나 공손술은 계단 아래에 무장한 군인들을 줄지어 세워 놓고 뽐내는 태도로 마원을 맞이했다.

그리고는,

"옛날에 친분을 생각해서 너를 장군으로 써 줄 테니 여기 있으라."

하고 거만하게 말했다.

마원은 속으로 생각했다.

'천하의 자웅은 아직 결정되지도 않았는데, 공손술은 예의로써 천하의 국사(國士)와 현자들을 맞이하려 하지 않고 거만한 태도로 위엄을 보이려 하니, 이런 자에게 이 세상일이 알려질 리가 없다.'

하고 부랴부랴 그곳을 떠나 되돌아왔다. 그리고는 외호에게 아뢰었다.

"그 사나이는 정녕 우물 안 개구리[井底之蛙]입니다. 조그만 촉나라 땅에서 뽐내는 것밖에 알지 못하는 놈이옵니다. 상대하지 않는 것이 옳을까 하옵니다."

이 말을 듣고 외호도 공손술과 친히 지낼 생각을 버렸다. 뒤에 마원은 외호의 명령으로 서울에 올라가 광무제를 만났다.

광무제는 마원에게,

"경은 2세(世) 사이를 갔다 왔다 한 모양인데, 무슨 까닭인가?"
하고 물었다.

마원은 공손히 대답했다.

"지금 세상은 임금이 신하를 골라 쓸 뿐 아니라 신하도 임금을 골라서 섬기옵니다. 공손술은 무장한 병사를 옆에 거느리고 저를 만나 주었습니다. 그러하오나 폐하께서는 지금 제가 자객인지도 모르실 텐데 호위도 없이 저를 만나 주셨습니다. 거기에 대해서 이루 말할 수 없이 즐거웠습니다."

광무제는 빙긋이 웃으며 말했다.

"보면 알 수 있는 것이오. 경은 자객이 아니라 세객(說客)이요, 천하의 국사요. 그런 경을 그렇게 대해서는 실례가 될 것 아니오."

〈장자〉의 '추수편'에 또 이런 이야기가 실려 있다.

북해의 해신이 말했다.

"우물 안 개구리가 바다를 이야기할 수 없다는 것은 자기가 사는 곳만 알기 때문이다. 여름벌레가 얼음을 이야기하지 못한다는 것은 여름밖에 모르기 때문이다. 한쪽만 알고 다른 쪽을 모르는 사람과 도에 관해서 이야기하지 못하는 것은 자기가 배운 것에만 속박되어 있기 때문이다."

있는 그대로의 자연과 천지와 더불어 있는 것을 존귀하게 생각한 장자에게 있어서는 인이나 예, 의에 구속되는 유교의 무리는 더불어 이야기할 수 없는 자들이었을 것이다.

—〈후한서〉 '마원'

지록위마 指鹿爲馬

; 사슴을 가리켜 말이라 한다

그렇게도 영화를 다 누린 진시황도 죽음에는 이길 수 없었다. 그는 불로장생의 영약을 구하려 애쓰면서 드디어 죽었다. 그의 유언에는 태자 부소를 제위에 오르게 하라 했건만, 승상 이사와 조고 등은 그 유언을 속여 어린 호해를 황제로 세웠다. 그 까닭은 부소가 현명한 데 비해 호해는 범용하여 다루기 쉬웠기 때문이었다.

호해, 즉 2세 황제 아래서 급격히 세력을 얻어 진의 실권을 잡은 자가 조고였다. 그는 사람들에게서 천시받는 환관이었다. 호해는 즉위할 때,

"짐은 천하의 온갖 쾌락을 맛보며 일생을 보내고 싶다."

고 말한 인물이다. 조고는 만족의 웃음을 띠며 이렇게 답했다.

"진실로 좋은 일이옵니다. 그러기 위해서는 우선 법의 두려움을 잘 알게 하는 것이 제일이옵니다. 다음으로는 선제 이래의 옛 신하들을 모조리 내쫓고, 폐하가 좋아하실 새 사람들을 등용하시면, 이들은 폐하를 위해 몸이 가루가 되도록 정치에 힘쓸 것입니다. 그러면 폐하께서는 마음 편히 쾌락에 잠길 수 있을 것이옵니다."

"과연 그렇도다. 옳은 말이야."

그렇게 말하며 호해는 좋아했다고 한다.

이리하여 조고는 경쟁자인 이사도 죽이고, 선제 이래의 대신,

장군 게다가 왕자까지도 살육한 후 스스로 승상의 자리에 올라 나라의 실권을 잡았다. 그리고는 드디어 호해의 자리를 탐내어 계책을 꾸미게까지 되었다.

그러나 그렇게 하기 위해서는 궁중의 사람들이 아직도 호해 편인지, 자기편인지를 알아야 했다. 그리고 만일 자기편이 못 되어 복종해 오지 않으면 안 된다는 것을 보여 줄 필요가 있었다. 그러기 위해 조고는 참으로 기이한 연극을 꾸며냈다.

그는 어느 날 2세 황제에게 사슴을 선사하며 이렇게 말했다.

"폐하께 말 한 필을 올립니다."

2세 황제가 웃으며,

"승상은 참 별말을 다 하오. 사슴을 말이라 하니 웬일이오?"

그러면서 좌우의 신하들을 돌아보았다. 고개를 숙이고 잠자코 있는 신하가 있는가 하면, 조고에게 아첨하는 뜻으로,

"이것은 말인 줄 아옵니다."

하는 신하도 있었다. 그러나,

"폐하, 이건 말이 아니라 사슴이옵니다."

하고 바로 말하는 신하도 몇 사람 되었다. 호해는 어리둥절해졌다. 그러나 조고는 눈알을 번쩍여 사슴이라고 말한 사람이 누구누구인가를 확인해 두었다. 그리고 뒷날 없는 죄를 뒤집어씌워 그들을 모두 죽여 버렸다. 그리하여 이제는 궁중에 조고의 말을 반대하는 사람은 없어졌다.

그러나 조고에게 굴복한 사람은 있어도 온 나라가 굴복하지는 않았다. 오히려 각지에서 반란군이 일어났다. 항우와 유방도 이들 중 한 사람들이다. 이 혼란 속에서 조고는 2세 황제 호해를 죽이고

소부의 아들 자영을 세워 진왕으로 하였으나, 이번에는 자기가 자영에게 죽임을 당하고 말았다.

　이 역사적 일화에서 생겨난 '사슴을 가리켜 말이라 한다', 지록위마는 틀린 일을 위압으로 우겨서 남을 바보로 만드는 일, 또는 남을 속여 바른 것을 틀렸다 하고, 틀린 것을 바르다고 우기는 것을 의미한다.

―〈사기〉 '진시황기', 〈십팔사략〉

위태롭기가 누란累卵 같다

때는 바야흐로 전국시대. 한 가지 재주나 기능이 뛰어난 사람은 누구나 실력으로 출세하려고 필사의 노력을 하고 있었다. 그중에도 제후들을 찾아다니며 연설하는 종횡가의 지위는 놀랄 만큼 높았다.

위나라의 가난한 집의 아들로 태어난 범수도 종횡가를 뜻하는 사람 중의 하나였다. 그러나 아무리 실력주의의 세상이라 할지라도 이름 없는 사나이가 출세의 길에 나서기는 쉬운 일이 아니다. 그는 우선 고향에 있는 중대부 수가의 부하로 들어가 제나라에 사자로 따라갔다. 그런데 거기서 범수의 인기가 좋아 수가는 기분을 상했다. 귀국 후 수가는 위의 재상 위제에게 범수를 모함하고는,

"너는 제나라와 내통하고 있는 놈이다."

라고 하고는 관리를 시켜 심한 매를 때렸을 뿐 아니라, 멍석에 말아 뒷간 똥통에 집어넣는 등 혹독한 벌을 받아야 했다.

범수는 기회를 보아 탈출, 간신히 그를 동정하는 정안평에게 피신하여 이름을 장녹이라 고쳤다. 언제든지 틈만 있으면 진나라로 피해 가려고 벼르던 중에, 마침 왕계라는 사람이 진나라 소왕의 사자로 와 있어 정안평은 곧 그의 숙소로 찾아가서 범수를 소개했다.

"당신께 추천하고 싶은 훌륭한 인물이 있습니다. 다만 그 사람에게는 원한을 가진 사람이 있어 대낮에 데리고 올 수는 없습니다만……"

밤이 되어 찾아온 장녹을 본 사신은 여러 가지로 궁리하여 정안평과 함께 본국으로 데리고 가서 왕에게 아뢰었다.

"위나라의 장녹 선생은 천하의 뛰어난 외교관이옵니다. 진의 정치를 비판하여 말하기를, '진왕의 나라는 누란(累卵)보다도 더 위태롭다'라고 하였습니다. 그러나 '저를 써 주시면 나라는 평안해질 것이나, 불행히 서신을 올릴 기회가 없다'라고 하옵니다. 신이 선생을 모셔 온 까닭이 여기에 있사옵니다."

진왕은 이 불손한 손님을 후히 대접하지는 않았다. 그러나 전국의 왕답게 처벌하는 일 없이 낮은 자리에 끼워 주었다. 범수가 진정 그의 재능을 발휘한 것은 얼마 후부터의 일이다.

또 다음과 같은 이야기도 있다.

춘추시대, 조라는 작은 나라가 진나라와 초나라의 틈바구니에 끼여 간신히 독립을 유지하고 있었다. 진나라에 내분이 일어 공자 중이가 망명길에 올랐는데, 도중에 조나라를 지나게 되었다. 그런데 그때 조공의 태도가 매우 좋질 않았다. 일찍이 중이의 갈비뼈는 하나로 붙어 있어 마치 한 장의 넓은 뼈와 같다는 소문이 돌고 있었는데, 조공은 중이 공자를 발가벗겨 일부러 갈비뼈를 보았다. 다만 조의 대신 이부기라는 자만이 남몰래 밤중에 사람을 보내어 항금을 선사했다.

이는 그의 아내가,

"제가 보기에는 진의 공자는 임금 될 훌륭한 얼굴을 하고 있습니다. 다음에 다시 우리나라에 오게 되는 날에는 반드시 조나라의 무례함을 책할 것이옵니다. 지금 공자에게 뜻을 통하여 놓는 것이 앞날을 위해 좋지 않겠습니까?"

하는 말을 옳다고 생각했기 때문이었다.

그 후 10년, 중이는 다시 조국으로 돌아와 춘추오패의 한 사람인 진문공이 되었다. 다시 3년 후, 문공은 군사를 일으켜 조를 쳤다. 이부기가 화를 면했음은 말할 것도 없다.

강대한 진과 초 사이에 끼여 위태롭기가 누란과 같은 조나라는 스스로 제 무덤을 판 것이나 다름없는 일이었다.

—〈한비자〉 '십과'

은감불원 殷鑑不遠

; 멸망의 선례는 가까운 곳에 있다

역사는 되풀이한다고 하지만, '삼대'라고 알려진 중국 고대의 세 왕조(하, 은, 주)의 흥망 또한 그 한 예가 될 것이다.

하의 왕조는 어진 덕을 베푼 건국 시조 우왕으로부터 4백 년, 17대째의 후계자인 걸왕에 와서 멸망했다. 걸왕도 원래는 지혜와 무용이 뛰어나서 왕자다운 인물이었으나, 이내 그를 망하게 한 것은 그가 유시 씨의 나라를 정벌했을 때 공물로 보내온 '매희'라는 희대의 미녀였다.

걸왕은 그 여자의 환심을 사기 위해 온갖 수단을 다 써서 아까워하지 않았다. 사치를 할 대로 하고 음락의 나날을 보내는 동안에 국력은 피폐해지고, 백성들의 원한의 소리는 높아만 갔다. 백성들은 걸왕을 태양에 비겨,

> 이 태양이 망할 날은 언제인고
> 우리 너와 함께 망하고 지고!

이렇게까지 저주의 말을 했다. 이런 민심의 움직임을 살펴본 이는 여태까지 하왕조에 얽매여 지내면서도 차츰 국력을 충실히 해가고 있던 은의 탕왕이었다. 현신 이윤의 권유에 따라 드디어 뜻

을 정한 탕왕은,

"오라, 너희들 모조리! 다 같이 내 말을 들어라. 나는 감히 난을 꾸밈이 아니요, 하 왕의 죄가 커 하늘이 명하여 이를 치게 함이로다."

라고 선언하고 걸왕을 치기 시작했다. 이리하여 중국 사상 최초의 '혁명'이 일어난 것이다.

탕왕을 시조로 하는 은왕조는 그로부터 6백여 년, 27대째의 후계자인 주왕에 이르러 망했다. 주왕도 또한 비범한 지력과 무용을 가진 인물이었지만, 그에게서 이성을 잃게 하여 황음(荒淫)의 생활에 빠지게 한 것은 그가 유소 씨의 나라를 정복했을 때 공물로 보내온 '달기'라는 희대의 독부였다. 주왕도 이 여자의 환심을 사기 위하여 있는 힘을 다했다. '주지육림'의 놀이가 벌어지고, 그 음락에 반대하는 사람들에게는 포락(炮烙)의 형(刑), 즉 불에 달군 쇠기둥을 맨발로 건너게 하는 형벌을 내렸다.

왕의 포학을 비판한 보좌역의 삼공 가운데서 구후, 악후 두 사람은 참살당했고, 서백(西伯; 뒷날 주의 문왕)은 옥에 갇히게 되었다. 이 서백이 주왕에게 간언했을 때의 말로 시경에 실려 있는 '대아·탕의 시' 편에 보면, '은감(殷鑑) 멀지 않으니 하후(夏后)의 세(世)에 있다'라는 구절이 있다. 즉, 은의 왕자가 거울로 삼을 선례는 먼 곳에서 찾지 않아도 하의 후와 걸 때의 일임을 상기할 것이라는 뜻이다.

그러나 주색에 빠져 이성을 잃은 주왕의 마음에는 걸왕의 비극을 돌이켜 볼 여유가 없었다. 삼공(三公)에 뒤이어 미자, 기자, 비간 등의 충신도 간언을 올렸지만 들어 주지 않았다. 그리고 미자는 망명해야 했고, 기자는 갇힌 몸이 되었으며, 비간은 죽임을 당했다.

이제야말로 주왕의 난행(亂行), 음락은 극도에 달하여 백성들의 원성은 높을 대로 높아졌고, 신하로 있는 제후들의 마음도 이미 왕에게서 떠났다. 이러한 천하의 형세를 간파한 것이 서백의 아들, 즉 주의 무왕이었다. 그리하여 제2의 '혁명'이 되풀이되었던 것이다.

그러면 주는 또 어떠했던가. 무왕에서 10대째의 여왕에 이르러 또 포학이 눈에 띄기 시작했다. 측근의 사람들이 간했다. 앞에 든 문왕의 말이라는 것도 정확히 말하면 이때 측근들이 선조 문왕의 말이라 하여, 은근히 여왕을 풍자한 노래였다.

여왕의 말년은 그의 포학에 불만을 폭발시킨 사람들의 무력 혁명으로 중국 사상 최초의 공화제를 만들었을 뿐 왕조 멸망의 위기는 모면했다. 그러나 여왕의 손자 유왕은 보사라는 여인에게 반해 우행을 거듭하였으며, 결국은 통일왕조로서의 주, 즉 서주의 운명에 마침표를 찍어 또 한 번 '역사의 되풀이'를 증명하게 되었다.

—〈서경〉 '탕서'

호사유피 인사유명 虎死留皮 人死留名

당의 애제 4년, 선무군절도사 주전충은 황제에게 덤벼들어 제위를 내놓게 하여 스스로 황제라 일컫고 국호를 양이라 했다. 보통 후양(後梁)이라 한다. 그로부터 약 반세기 동안은 바로 〈수호전〉의 분분한 오대(五代) 난리의 시기였다. 군웅은 각지에서 싸우고, 왕조는 생겼다가는 쓰러지며, 골육상잔이 계속되었다. 이 이야기는 이러한 오대 사람의 이야기다.

양의 장수에 왕언장(王彦章)이라는 사람이 있었다. 젊을 때부터 주전충을 섬기어 주전충이 각 처로 돌아다닐 때도 늘 그를 따라다녔다. 그는 싸움터에 나갈 때는 두 개의 쇠창을 가지고 갔다. 무게가 한 개에 백 근, 그 하나를 안장에 걸고 하나를 쥐고 휘두르며 적진으로 달려들면, 그 앞을 막을 자가 없었다고 한다. 사람들이 그를 가리켜 왕철창(王鐵槍)이라 불렀다.

주전충은 양의 태조가 되었지만, 양이 점령한 것은 중원뿐이었다. 여러 나라는 그 둘레에서 틈만 엿보고 있는 형편이었다. 그중에서도 산서에 자리 잡은 진왕의 세력은 대단하여, 양의 군사는 번번이 패하기만 했다. 더구나 그런 판국에 주전충은 그의 아들 우규에게 죽임을 당하고, 우규도 그의 동생 손에 죽는 내분이 계속되었다. 양의 형편은 날로 나빠져 갔고, 진왕은 북방에서 황제라 칭하며 국호를 당이라 정하고 번번이 군사를 남하시켰다. 한동안 두 나라 군사는 덕승을 경계로 하여 공방을 계속하고 있었다.

이때 초토사로 임명된 이가 왕언장이었다. 그는 바람같이 군사들을 몰아 곧 덕승 남쪽의 남성을 지나 다시 파죽지세로 양유까지 쳐들어갔으나, 당의 대군이 도착하여 군사를 잃고 퇴각했다. 그는 다시 역공을 꾀했지만, 갑자기 초토사의 직에서 파면되어 버렸다.

그는 늘 궁중에 있는 왕의 측근자들을 미워하여 싸움에서 이기고 돌아오면 저자들을 없애 버린다고 하고 있었다. 그는 자기 마음을 덮어 놓을 줄 모르는 사나이였다. 그것이 화를 불러온 것이다. 그러나 때가 때이었던 만큼, 두 달 후에 당제가 스스로 대군을 이끌고 쳐들어왔을 때 왕언장은 다시 기용되었다. 그는 악전고투하다가 기어이 상처를 입고 포로가 되었다. 당제는 그의 용맹을 아까워하여 자기편에 붙여 두려 했지만 그는,

"아침에 양을 섬기고, 저녁에 진을 섬길 수는 없다."

고 완강히 듣지 않았다. 그리고 이내 죽임을 당했다. 그때 그의 나이 61세, 왕언장이 죽은 뒤 양은 곧 멸망하게 되었다. 왕언장은 거의 글을 알지 못했다. 그는 언제나 속담을 예로 들어 말했다.

"범은 죽어 가죽을 남기고, 사람은 죽어 이름을 남긴다[虎死留皮 人死留名]."

그가 즐겨 쓴 속담이었다. 짐승도 가죽을 남기거늘, 사람이 죽어서 이름을 남기지 못해서야 쓰겠느냐는 것이었다. 어지러운 오대에 그는 이것을 마음의 기둥으로 삼고 살아 온 것이다.

—〈오대사〉'왕언장전', 〈왕언장 화상기〉

부록

출전해제

한 줄로 읽는 고사성어

출전해제

‖ 공자가어(孔子家語)

공자의 언행, 제자와 문답한 이야기를 모아 만든 책으로, 지은이는 미상이며, 전 10권으로 되어 있다.

‖ 노자(老子)

춘추시대 노자가 지은 도가사상의 도덕경. 2권.

‖ 논어(論語)

공자와 그 제자와의 언행을 그 제자들이 기록한 것으로, 4서의 1이며 전 20권.

‖ 당서(唐書)

신구(新舊) 두 가지가 있는데, 구당서는 후진(後晉)의 유구가 편찬하였고, 신당서는 송의 구양수(歐陽修), 송기(宋祁)가 편찬한 것으로, 당대(唐代)의 정사(正史).

‖ 당시선(唐詩選)

당대 시인 127인의 시선집. 이반룡(李攀龍)이 편찬하였다 하나 미상.

‖ 대학(大學)

예기(禮記) 중의 1편. 송나라 이후 4서의 하나로 증삼(曾參)이 지음. 전
1권.

‖ 맹자(孟子)

맹자의 제자들이 맹자의 언행을 모아 기록한 책으로, 7서의 1.

‖ 문선(文選)

양의 소통(蕭統; 소명태자)이 진(秦)·한(漢) 이후 양대(梁代)까지의 홀
륭한 시문을 모은 책으로, 전 30권.

‖ 북몽쇄언

송나라 손광헌(孫光憲)이 지음. 정사(正史)에서 빠진 당말(唐末) 오대
(五代)의 사실(史實)을 기록했다. 전 20권.

‖ 사기(史記)

전한(前漢) 무제(武帝) 때 사관 사마천(司馬遷)이 지은 태고 때부터 무
제 때까지의 역사를 쓴 중국 최초의 통사(通史). 24사의 1.

‖ 삼국지(三國志)

진(晉)의 진도(陳濤)가 지은 삼국시대 역사책으로 24사의 1이며, 전
65권.

‖ 서경(書經)

요순(堯舜) 때부터 주대(周代)까지의 정교(政敎)에 관한 것을 공자가 수집 편찬한 중국 최고의 경전으로, 오경(五經)이며, 20권으로 되어 있음.

‖ 설원(說苑)
후한의 유향(劉向)이 지은 춘추시대부터 한초까지의 제가의 전기, 인사 등을 모은 것으로 20권.

‖ 세설신화(世說新話)
남송의 유의경(劉義卿)이 지은 후한에서 동진까지의 귀족 문인들의 언행, 일화집으로 3권으로 되어 있음.

‖ 손자(孫子
주의 손무(孫武)가 지은 병서.

‖ 송사(宋史)
원의 구양현(歐陽玄) 등이 칙명에 의하여 편찬한 송조사(宋朝史). 24사(史)의 하나이며 496권.

‖ 수서(隋書)
당의 위징이 태종의 칙명에 의하여 지은 수(隨)의 정사로 24사. 85권.

‖ 수신기(搜神記)
진의 간보(干寶)가 지은 괴담이사(怪談異事)를 수록한 단편소설집.

20권.

‖ 순자(荀子)

전국시대 유학자 순황(荀況)이 성악설을 전개시킨 책으로 20권으로
되어 있음.

‖ 습유기(拾遺記)

전진(前秦)의 방사(方士) 왕가(王嘉)가 쓴 책으로, 삼황(三皇)부터 오호
(五胡) 16국까지의 역사책인데, 1권으로 된 황당무계한 내용이다.

‖ 시경(詩經)

주조(周朝)의 시집. 편찬한 자는 미상으로 오경의 하나.

‖ 십팔사략(十八史略)

원의 증선지(曾先之)가 17사에 송사를 첨가하여 만든 초학자용(初學者
用)의 사서.

‖ 안씨가훈(顏氏家訓)

북제(北齊)의 안지추(顏之推)가 지은 책으로 2권으로 된 책인데, 입신
치가(立身治家)의 법을 말하고 시속(時俗)의 잘못을 지적하여 자손을
훈계한 내용.

‖ 안씨춘추(晏氏春秋)

춘추시대 말기 제의 대부 안영의 유사를 쓴 8권으로 된 책인데, 편찬자

는 미상.

‖ 양서(梁書)

당의 요사렴(姚思廉)이 지은 남북조 시대 양나라의 사서.

‖ 여씨춘추(呂氏春秋)

진(秦)의 여불위(呂不韋)가 학자들을 시켜 편찬한 선진(先秦)시대의 사상을 망라한 일종의백과전서 26권.

‖ 열녀전(烈女傳)

전한의 유향(劉向)이 편찬한 당(唐) 우(虞)이래의 열녀전기를 기록한 책.

‖ 열자(列子)

주의 열어구(列禦寇)가 지은 〈노자〉, 〈장자〉와 함께 도가 전적(典籍)의 하나로 8권.

‖ 영괴록(靈怪錄)

당의 우교(牛嶠)가 지은 괴기 단편소설집.

‖ 예기(禮記)

주대의 예에 관한 경서. 오경의 하나. 한대(漢代)의 유자(儒者)가 편찬하였음.

‖ 오대사(五代史)

구(舊) 오대사는 150권. 송의 태종 때 설거정(薛居正)이 편찬한 양, 당, 진, 한, 주 각대의 역사이며, 신(新) 오대사는 75권. 송의 인종 때 구양수가 편찬하였음. 24사의 하나.

‖ 위료자(尉燎子)

위료의 편찬인 5권으로 된 병법. 칠서(七書)의 하나.

‖ 장자(莊子)

전국시대 장주(莊周)가 편찬한 〈노자〉, 〈열자〉 등의 도가 사상을 전파한 대표서적.

‖ 전국책(戰國策)

후한의 유향이 지은 책으로 33권. 주의 원왕부터 진시황까지의 전국시대의 유사(遊士)가 제국을 유세한 책략을 나라별로 쓴 책.

‖ 중용(中庸)

공자의 손자 자사(子思)가 지은 책으로 유교의 종합적 해설서. 사서의 하나. 1권.

‖ 진서(陳書)

당의 요사렴(姚思廉)이 지은 남북조시대 진의 사서.

‖ 진서(晋書)

당(唐)의 방교(房喬) 등이 칙명에 의하여 편찬한 진사(陳史). 24사의
하나.

‖ 초사(楚辭)

전국시대에서 전한 때까지의 초나라 사람들의 작품을 중심으로 한 시
집인데, 초나라 굴원의 작품이 대부분임. 한의 유향이 편찬하였음.

‖ 춘추(春秋)

오경의 하나. 노나라의 사관이 지은 것을 가필한 역사책.

‖ 춘추좌씨전(春秋左氏傳)

노나라의 사관이 지은 춘추를 좌구명(左丘明)이 주해한 책.

‖ 통감강목(通鑑綱目)

송나라 주희(朱熹)가 지은 중국의 역사책. 사마광의 〈자치통감(資治通
鑑)〉을 ‘강(綱)’과 ‘목(目)’으로 나누어 주해한 것으로 전 59권.

‖ 포박자(抱朴子)

진(晋)의 갈홍(葛洪)이 지음. 신선의 법, 도덕, 정치를 논한 책. 8권.

‖ 한비자(韓非子)

전국시대 한비가 지은 당대(當代)의 법가 학문을 대표할 만한 책으로
20권으로 되어 있음.

‖ 한서(漢書)〉

　후한의 유향이 지은 전한사(前漢史)로 24사의 하나이며, 120권.

‖ 한씨외전(韓氏外傳)

　한의 한영이 지은 시경의 주해서. 10권

‖ 회남자(淮南子)

　한고조의 손자 회남왕 유안(劉安)이 편찬한 도가사상을 중심으로 한
수필·우화집으로 21권.

‖ 후한서(後漢書)

　남조 송의 범엽(范曄)이 지은 후한사로 24사의 하나이며, 120권임.

한 줄로 읽는 고사성어

간성지재(干城之材);

　　나라를 지킬만한 믿음직한 재주.

간세지재(間世之材);

　　여러 세대를 통하여 드물게 있는 인재. 매우 뛰어난 인물.

개과천선(改過遷善);

　　나쁜 일을 바르게 고쳐서 착하게 됨.

개세지재(蓋世之才);

　　온 세상을 뒤덮을 만큼 뛰어난 재능 또는 그런 인물.

격물치지(格物致知);

　　사물의 본질이나 이치를 연구하여 지식을 닦음.

견리사의(見利思義);

　　이로운 점을 보거든 의로운 일인가 아닌가 따져 보라는 말.

견문발검(見蚊拔劍);

　모기보고 칼은 뺀다는 말이니, 대단치 않은 일에 쓸데없이 크게 노함을 이르는 말. = 노승발검(怒蠅拔劍).

곡학아세(曲學阿世);

　자기가 믿는 학문을 굽혀 세속에 아부함.

공전절후(空前絶後);

　비교할 만한 것이 이전에도 이후에도 없을 만큼 뛰어남.

과문천식(寡聞淺識);

　견문이 적고 학식이 얕음.

관규(管窺);

　대롱 속을 통하여 물건을 본다는 것으로 견식이 좁음을 이르는 말.

괄목상대(刮目相對);

　눈을 비비고 다시 본다는 말로 남의 학식이나 재주가 갑자기 느는 것을 놀랍게 보아 인식을 새롭게 함을 이른다.

교주고슬(膠柱鼓瑟);

　비파나 거문고 기둥을 아교로 붙인다는 뜻으로 조금도 융통성이 없음을 이르는 말.

교학상장(教學相長);

　남을 가르치는 일과 스승에게 배우는 일은 다 함께 자기의 학업을 증진함.

구이지학(口耳之學);

　귀로들은 바를 이내 입으로 지껄이는 천박한 학문. 자신을 이롭게 하지 못하는 학문.

군계일학(群鷄一鶴);

　변변하지 못한 여러 사람 중에서 홀로 뛰어난 사람. 발군(拔群), 출중(出衆), 절륜(絶倫).

군맹무상(群盲撫象);

　여러 맹인이 코끼리를 더듬는다는 이야기에서 나온 말로. 자기의 좁은 소견과 주관으로 사물을 잘못 판단한다는 뜻.

권독종일(券讀終日);

　종일 책을 읽음

극기복례(克己復禮);

　자기 욕심을 누르고 예의범절을 따름.

근근자자(勤勤孜孜);

　매우 부지런하고 정성스러움.

기린아(麒麟兒);

슬기와 재주가 남달리 뛰어난 젊은이.

낙양지귀(洛陽紙貴);

글이 많이 읽히거나 책의 부수가 많이 나감. 옛날 중국 진(晉)나라 좌사(左思)가 삼도부(三都賦)를 지었을 때 낙양(洛陽) 사람들이 다투어서 그 글을 필사하느라 낙양의 종잇값이 비싸졌다는 이야기.

낭중지추(囊中之錐);

주머니 속에 든 송곳과 같이 재주가 뛰어난 사람은 숨어 있어도 저절로 사람들이 알게 된다는 뜻

다기망양(多岐亡羊);

학문의 길이 다방면이어서 진리를 깨치기가 어렵다는 말. = 망양지탄(亡羊之歎)

단기지계(斷機之戒);

학문을 중도에 그만두는 것은 짜던 베를 끊는 것과 같다는 맹모의 교훈. = 단기지교(斷機之敎), 맹모단기(孟母斷機)

당구삼년폐풍월(當狗三年吠風月);

서당개 삼 년에 풍월한다는 말로 무식한 사람도 유식한 사람과 같이 오래 지내면 자연히 견문이 생긴다는 뜻. 또는, 오랫동안 보고 듣고 하면 자연히 그 일을 할 줄 알게 된다는 말. = 당구풍월(堂狗風月)

대기만성(大器晚成);

　큰 그릇은 더디 완성된다, 즉 크게 될 인물은 오랜 공적을 쌓아 늦게서야 이루어진다는 말.

대의명분(大義名分);

　사람으로서 지켜야 할 도리나 본분.

독서백편의자현(讀書百篇義自見);

　책을 백 번 읽으면 그 뜻을 절로 깨우치게 된다는 뜻.

독서삼도(讀書三到);

　독서의 세 가지 방법. 즉, 마음속으로 읽는 심도(心到), 눈으로 읽는 안도(眼到) 입으로 소리를 내어 읽는 구도(口到). 글을 읽어서 그 참 뜻을 이해하려면 마음과 눈과 입을 오로지 글 읽기에 집중하여야 한다는 말.

독서삼매(讀書三昧);

　오직 책 읽기에만 골몰한 경지

독서삼여(讀書三餘);

　독서하기에 적합한 세 가지 여유. 즉, 겨울과 밤과 비.

독서상우(讀書尙友);

　책을 읽으면 옛사람과도 벗이 되어 함께 놀 수 있다는 말.

동량지재(棟樑之材);

　기둥과 대들보가 될 만한 재주. 훌륭한 인재를 뜻함.

등용문(登龍門);

　입신출세를 위한 어려운 관문이나 시험을 비유적으로 이르는 말.

등화가친(燈火可親);

　가을은 서늘하여 등불을 밝히고 공부하기에 알맞을 때라는 뜻.

마부위침(磨斧爲針);

　도끼를 갈아 바늘을 만든다는 말로 꾸준히 노력함을 뜻하는 말.

마이동풍(馬耳東風);

　남의 의견이나 충고의 말을 귀담아듣지 않고 흘려버림, 또는 어리석고
둔하여 남의 말을 알아듣지 못하고 사리를 깨쳐 알지 못함.

만단개유(萬端改諭);

　만 가지로 깨닫게 가르침.

만시지탄(晩時之歎);

　때가 뒤늦었음을 원통해하는 탄식

망양보뢰(亡羊補牢);

　평소에 대비가 없었다가 실패한 다음에 뒤늦게 깨달아 대비함. 또는

이미 일을 그르친 뒤에는 뉘우쳐도 소용없다는 말.

망양지탄(亡羊之歎);

　학문의 갈래가 많아 바른길을 잡기가 어렵다는 말.

망운지정(望雲之情);

　타향에서 어버이를 그리워함.

맥수지탄(麥秀之嘆);

　폐허의 도읍지에 자란 보리를 보고 한탄했다는 뜻에서 멸망한 고국에
　대한 한탄. = 망국지탄(亡國之歎) 망국지한(亡國之恨)

멸사봉공(滅私奉公);

　사심을 버리고 나라나 공공을 위하여 힘써 일함.

목불식정(目不識丁);

　정(丁)자도 알지 못함. 글자를 전혀 모르는 무식한 사람. = 일자무식(一
　字無識) 어로불변(魚魯不辨)

무지몽매(無知蒙昧);

　아는 것이 없고 사리에 어두움.

문방사우(文房四友);

　서재에 꼭 있어야 할 네 가지 벗. 즉, 종이 붓 먹 벼루.

문일지십(聞一知十);

하나를 들으면 열을 알 정도로 총명함.

박람강기(博覽强記);

널리 여러 가지 책을 많이 읽어서 잘 기억함. = 박문강기(博聞强記); 널리 사물을 보고 듣고 이를 잘 기억함.

박문약례(博文約禮);

학문을 널리 닦고 예로써 그 배운 바를 요약함.

박물군자(博物君子);

모든 사물에 능통한 사람.

박이부정(博而不精);

많은 것을 알고 있으나 정밀하지 못함을 이르는 말.

박학다문(博學多聞);

학식과 견문이 매우 넓음 = 박학다식(博學多識); 학문이 넓고 식견이 많음.

반의지희(斑衣之戱);

초(楚)나라의 노래자(老萊子)라는 사람이 칠십(七十)에 색동옷을 입고 어린애 같은 재롱을 피우며 늙으신 부모님을 기쁘게 해드린 데서 유래한 말. 노래자는 중국의 24 효자 중의 한 사람이다. = 반의지희(斑衣

之戲)

반포지효(反哺之孝);
　자식이 자라서 어버이가 길러 준 은혜에 보답하는 것. 자오반포(慈烏
　反哺)에서 온 말.

발분망식(發憤忘食);
　무슨 일을 이루려고 마음을 굳게 먹고 끼니마저 잊고 노력함.

백가쟁명(百家爭鳴);
　많은 학자나 논객이 자유로이 논쟁하는 일.

분골쇄신(粉骨碎身);
　뼈가 가루가 되고 몸이 부서지도록 노력함.

불철주야(不撤晝夜);
　밤낮을 가리지 않음.

불치하문(不恥下問);
　자기보다 못한 아랫사람에게 묻는 것을 부끄럽게 여기지 아니함.

비육지탄(肉之嘆);
　능력을 발휘하여 보람 있는 일을 하지 못하고 헛되이 세월만 보내는
　것을 한탄함.

사가독서(賜暇讀書);

유능한 젊은 문신들을 뽑아 휴가를 주어 독서당에서 공부하게 하던 일.

사생취의(捨生取義);

목숨을 버리고 의를 취함. 의리를 위해서 생명을 돌보지 않음

사석위호(射石爲虎);

성심을 다하면 아니 될 일도 이룰 수 있다는 것. 돌을 호랑이인 줄 알고 쏘았더니 화살이 꽂혔다는 말에서 유래.

사필귀정(事必歸正);

모든 잘잘못은 반드시 바른길로 돌아감

살신성인(殺身成仁);

옳은 일을 위하여 자기 몸을 희생함.

삼고초려(三顧草廬);

인재를 얻기 위해 끈기 있게 노력함. 유비가 공명을 얻기 위해 세 번 찾아간 고사.

삼성오신(三省吾身);

매일 내 몸을 세 번 반성함.

상아탑(象牙塔);

예술지상주의자들이 세속을 떠나 오직 미의 세계에 도취하는 경지를 이르는 말. 또는 학자가 현실적 사회에서 도피하여 관념적 연구 생활에 몰두함을 이르는 말. 대학 또는 대학의 연구실.

서자서아자아(書自書我自我);
'글은 글대로 나는 나대로'라는 말이니, 곧 글은 읽되 정신은 딴 데 쓴다는 말

서제막급(臍莫及);
사향노루가 자기 배꼽 때문에 잡힌 줄 알고 배꼽을 물어뜯지만 이미 늦었다는 뜻으로 후회해도 소용없다는 말.

서중자유천종속(書中自有千種粟);
학문을 많이 연구하면 큰 재물이 생긴다는 말. 즉 독서의 실용성을 통해 독서를 권장하는 말. = 서중자유천종록(書中自有千種祿)

선공후사(先公後私);
사사로운 일이나 이익보다 공적인 이익을 앞세운다는 말.

선우후락(先憂後樂);
근심되는 일은 남보다 앞서 근심하고 즐길 일은 남보다 나중에 즐긴다는 뜻으로 나라를 위한 충신의 깊은 마음을 이르는 말.

선자옥질(仙姿玉質);

용모가 아름답고 재질도 뛰어남.

소의간식(宵衣 食);

해 뜨기 전에 옷을 입고 날이 진 뒤에 먹는다는 말로 주로 임금이 정사에 부지런함을 이름.

수구초심(首邱初心);

여우가 죽을 때 머리를 자기가 살던 굴 쪽으로 둔다는 데서 나오는 말로 고향을 그리워하는 마음을 뜻함. = 호사수구(狐死首丘)

수불석권(手不釋卷);

손에선 책을 놓지 않는다는 말로 늘 공부하는 사람을 가리킴.

숙독상미(熟讀詳味);

자세히 읽고 음미함.

숙흥야매(夙興夜寐);

밤낮으로 열심히 일함. 아침 일찍 일어나고 저녁 늦게 잔다는 뜻.

시종여일(始終如一);

처음이나 나중이 한결같아서 변함없음

시종일관(始終一貫);

처음부터 끝까지 똑같은 방침이나 태도로 나감.

식자우환(識字憂患);

글을 아는 것이 도리어 근심을 사게 된다는 말.

신체발부수지부모(身體髮膚受之父母);

신체의 모든 것은 부모로부터 받은 것이니 건강이 효도의 으뜸이라는 말.

십벌지목(十伐之木);

열 번 찍어 안 넘어가는 나무 없다는 말로 아무리 심지가 곧은 사람도 여러 번 말하면 결국은 마음을 돌려 따르게 된다는 뜻.

역자이교지(易子而敎之);

남의 자식을 내가 가르치고, 내 자식은 남에게 부탁하여 가르치게 하는 일. 자기 자식을 가르치기가 어려움을 이르는 말.

연마장양(鍊磨長養);

갈고 닦으며 오랜 세월 동안 준비함.

온고지신(溫故知新);

옛것을 익히거나 이미 익힌 것을 고쳐 익혀 새 도리를 발견함.

우공이산(愚公移山);

어떤 일이든지 끊임없이 노력하면 마침내 성공함.

우이독경(牛耳讀經);

　쇠귀에 경(經) 읽기. 즉, 어리석은 사람은 아무리 가르쳐도 알아듣지 못하므로 소용이 없다는 말. = 우이송경(牛耳誦經)

위편삼절(韋編三絶);

　공자가 〈주역〉을 너무 여러 번 읽어 책을 맸던 가죽끈이 세 번 끊어졌다는 고사에서 유래한 말로 학문과 독서에 힘쓴다는 뜻.

의문지망(依門之望) :

　문에 기대어 바란다는 말로 부모가 자녀의 돌아오기를 몹시 기다림을 뜻하는 말. = 의려지망(倚閭之望)

일신(日新);

　날마다 새로움.

일이관지(一以貫之);

　하나의 이치로써 모든 일을 꿰뚫음.

일일부독서 구중생형극(一日不讀書 口中生荊棘);

　하루 책을 읽지 않으면 입속에 가시가 돋친다는 뜻으로, 하루라도 독서하지 아니하면 수양이 되지 않아 좋지 않은 말을 하게 된다는 말

일취월장(日就月將);

　날로달로 자라거나 발전함. = 일장월취(日將月就)

자강불식(自彊不息);

스스로 노력하여 쉬지 아니함.

자격지심(自激之心);

자기가 한 일에 대하여 스스로 미흡한 생각을 가짐.

자아성찰(自我省察);

자기의 마음을 반성하여 살핌.

자초지종(自初至終);

처음부터 끝까지.

자화자찬(自畫自讚);

자기 그림을 스스로 칭찬함. 자기가 한 일을 스스로 칭찬함.

재자가인(才子佳人);

재주 있는 남자와 아름다운 여자.

절차탁마(切嗟琢磨);

학문이나 덕행을 연마하여 식견을 높이는 것.

정저지와(井底之蛙);

우물 안의 개구리, 견문이 좁음을 이르는 말.

좌정관천(坐井觀天);

　우물 안에서 하늘 보기. 견해가 좁음을 이르는 말.

주경야독(晝耕夜讀);

　낮에는 농사짓고 밤에는 글을 읽음. 바쁜 틈을 타서 어렵게 공부함.

주도면밀(周到綿密);

　자세하여 빈틈이 없음.

지성감천(至誠感天);

　지극한 정성에 하늘이 감동함.

진선진미(盡善盡美);

　더할 수 없이 착하고 아름다움. 완전무결.

진인사대천명(盡人事待天命);

　노력을 다한 후에 하늘의 뜻을 기다림.

철중쟁쟁(鐵中錚錚);

　동류 가운데에서 가장 뛰어난 이를 가리키는 말.

청렴결백(淸廉潔白);

　마음이 깨끗하고 바름. 사리에 기울지 않고 욕심을 내지 않는 깨끗한
마음.

청출어람(靑出於藍);

푸른색은 쪽에서 났지만, 쪽보다 더 푸름. 즉, 제자가 스승보다 더 훌륭한 경우를 이르는 말.

초지일관(初志一貫);

처음 세운 뜻을 이루려고 끝까지 밀고 나감.

추로지향(鄒魯之鄕);

공자와 맹자의 학문 또는 예의가 바르고 학문이 왕성한 고장.

춘추필법(春秋筆法);

오경의 하나인 〈춘추(春秋)〉와 같이 비판의 태도가 엄정함을 이르는 말, 대의명분을 밝히어 세우는 사필(史筆)을 뜻함.

칠보지재(七步之才);

매우 뛰어난 글재주. 삼국시대 위나라 조식이 일곱 걸음 걷는 동안에 시를 지었다는 고사에서 유래한 말.

칠전팔기(七顚八起);

일곱 번 넘어지고 여덟 번 일어남. 여러 번 실패에도 굽히지 않고 분투함. = 불요불굴(不撓不屈)

탐주지어(貪舟之魚);

배를 삼킬 만한 큰 고기. 큰 인물.

태산북두(泰山泰斗);

　태산(泰山)과 북두(北斗). 많은 사람의 숭배와 존경을 받는 사람. = 태두(泰斗); 태산과 북두성. 모든 사람이 존경하는 뛰어난 인물

풍수지탄(風樹之嘆);

　부모가 일찍 돌아가셔서 효도할 기회가 없음을 한탄함.

하학상달(下學上達);

　쉬운 것부터 배워 깊은 이치를 깨달음.

한우충동(汗牛充棟);

　수레에 끌리면 마소가 땀을 흘리고, 쌓아 올리면 들보에 닿을 만하다는 뜻으로 책이 많음을 비유하여 이르는 말.

현두자고(懸頭刺股);

　상투를 천장에 달아매고 송곳으로 허벅다리를 찔러 잠을 깨운다는 말로 학문에 맹진함을 뜻함.

형설지공(螢雪之功);

　고생을 이기고 공부하여 성공함. 진나라 차윤과 손강이 반딧불과 눈의 빛으로 책을 읽었다는 고사에서 유래한 말. = 형창설안(螢窓雪案)

혼정신성(昏定晨省);

　저녁에 이부자리를 보고 아침에 자리를 돌아본다. 즉, 자식이 아침저녁으로 부모의 안부를 물어서 살피는 것. = 정성(定省)

환골탈태(換骨奪胎);

  남의 글을 교묘하게 모방하였으면서도 그 규모를 달리한 것. 또는 외
  양이 이전보다 훨씬 더 아름다워진 것.

환부작신(換腐作新);

  낡은 것을 바꾸어서 새로운 것으로 만듦.

카페에서 만난 동양고사

—

초판 1쇄 발행 2024년 6월 14일

지 은 이 리소정
펴 낸 이 김채민

펴 낸 곳 힘찬북스
출판등록 제410-2017-000143호
주   소 서울특별시 마포구 망원로 94, 301호
전화번호 02-2272-2554 **팩스번호** 02-2272-2555
전자우편 hcbooks17@naver.com

—

—

ISBN 979-11-90227-41-4 03150

—